Il Segreto di Julia

D1531659

ISBN: 978-1497452985

Autore: Cinzia Medaglia

Copertina di: Martin R. Seiffarth

Realizzazione editoriale: Martin R. Seiffarth

LEI – 12 maggio, ore 12

Prendo la metropolitana. È domenica e a quest'ora ci sono poche persone.
Una signora è seduta vicino a me e sta leggendo una rivista. Alza la testa e
mi scruta.

Anche il giovane che sta in piedi vicino all'uscita mi guarda.
Perché mi fissano in questo modo? Possono sapere? Forse la mia fotografia
è già apparsa in televisione o su Internet? Do una veloce occhiata all'orolo-
gio.
No, è impossibile. Sono passate appena due ore. Troppo poco tempo per
una notizia.
E se invece qualcosa attira la loro attenzione? Forse una macchia a spot?
Mi guardo le mani, i pantaloni, la maglietta. No, è tutto pulito.
Intanto la signora è scesa e il giovane sta telefonando.
Nessuno mi osserva più. E' stata dunque soltanto una mia impressione?
Devo stare attenta a queste… suggestioni. Potrebbero crearmi dei proble-
mi. Da questo momento devo concentrarmi sulla fuga. E non pensa-
re. Non pensare a quello che ho fatto. Cercare di dimenticare.

1

LEI – 12 maggio, sera

Sto andando in Italia, al Lago di Como.

> **Il Lago di Como**
>
> Si trova in Lombardia, a nord di Milano.
> E' il terzo lago più grande d'Italia.
> Ha una forma strana con tre rami che ricordano una ipsilon (Y) rovesciata.
> Ha un clima meno rigido e più mite delle Alpi.
> Il paesaggio è particolare: acque azzurre e verdi, montagne rocciose e con boschi, piccoli e grandi paesi ricchi di storia e di cultura.

Mi è sempre piaciuto il lago. E il periodo passato a Bellagio sul Lago di Como anni fa è il più bel ricordo della mia vita.
A Bellagio in Italia sono stata quando ero bambina. Avevo quattro anni ed eravamo una famiglia felice. Era un posto strano: allegro e bellissimo quando c'era il sole, malinconico ed egualmente^{equally} bellissimo nelle giornate di pioggia. Io andavo in estate quando c'erano tanti turisti soprattutto tedeschi.
Voglio cercare un lavoro e stare lì. Adesso conosco l'italiano piuttosto bene; ho seguito corsi di lingua e sono riuscita ad impararlo bene nel corso di questi anni.
Il posto ideale per dimenticare e farmi dimenticare.

> **Bellagio**
>
> È un paese che si trova a metà dei due bracci del Lago di Como.
> Si trova tra montagne verde e acque azzurre.
> Lo scrittore Stendhal descriveva il paesaggio di Bellagio come un paesaggio meraviglioso.
> A Bellagio si trovano fantastiche ville, case e palazzi belli e particolari.
> Nel 1800 Bellagio diventa un importante luogo di residenza di famiglie nobili e della ricca borghesia.

Il passato non esiste più per me. Adesso c'è solo il presente. Ci sono soltanto io: Julia Sralink, che presto non sarà più Julia Sralink. Julia Sralink avrà un nuovo nome, un nome nuovo per una vita nuova. Sarà un nome un po' italiano.

Ci devo pensare. Ho tanto tempo: tutto il viaggio, da Amburgo a Milano e poi a Milano un'ora e mezzo di treno fino a Bellagio.

Alla stazione ho fatto il biglietto a uno dei distributori automatici[vending machines].

Sono stata fortunata: il primo treno che va verso l'Italia parte tra quindici minuti. Ho anche prelevato millecinquecento euro al bancomat.

Forse la polizia così può trovarmi. Ma che m'importa? Tra quindici minuti parto. Tra sei ore sono in Svizzera e poi in Italia!

Mentre metto i soldi nella tasca della giacca, sento qualcosa di freddo e metallico. Il cellulare? No, il cellulare l'ho nella borsa. Poi ricordo: è la pistola! La pistola con cui ho sparato[I shot].

Salgo sul treno che è pieno di gente. Quando il treno parte, non rivolgo neppure uno sguardo alla città, alla mia città.

Non mi dispiace andarmene, perché non mi piaceva la mia vita qui. Anche per questo vado in Italia: ero felice quando ero lì, e spero di potere esserlo ancora. Spesso si lega la felicità a un posto. Ma forse è una sciocchezza.

Prendo il cellulare e lo accendo. Ma lo spengo subito. Così possono trovarmi, mi dico. Non so in quale modo, ma l'ho visto in televisione. *Se* mi stanno cercando. Non credo che la polizia tedesca sia veloce come quella americana.

Un ragazzo mi si siede accanto. Deve avere qualche anno più di me.

– Ciao – mi fa.

– Ciao – dico io.

– Dove vai di bello?

– In vacanza – gli rispondo. Guardo fuori dal finestrino.

– Mi chiamo Heinrich – fa lui.

Io niente.

– E tu? – chiede ancora.

– Io sono Serena.

Ecco, mi è venuto così: *Serena*! Era il nome della mia amichetta italiana che viveva a Bellagio. Serena, una bella bambina dai capelli neri con le labbra del colore delle ciliegie.

– Serena. E' proprio un bel nome – fa lui.

Oh Dio, ma che cavolo dice? Questo tipo è proprio sfigato[a loser].

Continuo a stare zitta.

Lui prende dei biscotti dalla borsa.

– Vuoi? – mi chiede.

– No – gli rispondo secca.

Lui insiste. E io zitta.

Vorrei dirgli: guarda che ho appena sparato a una persona. Forse l'ho ammazzata. Ho una pistola qui in tasca. Se non la smetti…

Ma non è vero. Non ho nessun istinto omicida. Certo che non voglio sparare a questo poveretto. Però voglio davvero che mi lasci stare [leave me alone]

Lui comincia a mangiare i biscotti e poi dice:

– Sei molto carina, Serena. Mai visto una ragazza così carina…

Che cavolo! Adesso però è troppo.

– Lasciami stare – gli dico dura.

Lui non risponde. Si alza con il suo borsone.

– Ciao – mi saluta rassegnato [resigned].

Ritorna dopo trenta secondi:

– Comunque è vero che sei molto carina.

Sfigato e ostinato, accidenti!

Per fortuna se ne va. Io finalmente sola, penso che questo incontro è stato utile. Mi ha fatto capire che così come sono la gente mi nota[I draw attention to myself]. Innanzitutto i miei capelli sono troppo biondi e troppo lunghi. La prima cosa che faccio quando scendo dal treno, li taglio corti corti. Così

4

sarò più anonima.

Siamo alla frontiera. Dei poliziotti stanno passando per i corridoi. Li guardo con sospetto. Che stiano cercando… ME?

La risposta è no. Controllano i documenti di qualcuno, ma non i miei. Fortunatamente non tornano, e il treno continua il suo viaggio. Passiamo la frontiera.

Mi sento stanchissima. Eppure oggi non ho fatto niente. Ho soltanto sparato a una persona. Nient'altro.

Quando sono tornata a casa per prendere alcune delle mie cose, la mamma era a letto. Ieri è tornata tardi. Era stata con uno dei suoi uomini da qualche parte. Forse era ubriaca[drunk], come succede spesso.

Mia cugina Petra mi dice che devo cercare di capirla. E' una donna sola e disorientata dopo che papà l'ha lasciata. La solita storia, vecchia come il mondo… Ormai la conoscono tutti. Un film visto troppe volte, con i personaggi sempre nello stesso ruolo: il papà uomo d'affari [businessman], ricco, sempre fuori per lavoro, perde interesse nella moglie casalinga, ex bella donna, ex fascinosa. Si innamora di una donna più giovane, che è magari la segretaria o una delle impiegate. Questo è quello che è successo ai miei due anni fa.

Dovrei provare compassione per mia madre, ma non riesco. Il fatto è che quando papà se n'è andato dalla sua vita, io non esisto più.

Mi addormento e mi sveglio a Milano. Fine del viaggio di questo treno, ma non per me. Cambio alla Stazione Centrale per prendere un trenino che mi porta al lago, a Lecco.

Fino a Lecco il treno impiega circa un'ora. Eccomi nella cittadina lacustre, dove c'è il sole, fa caldo.

Sì, questa è l'Italia!

Lecco

Lecco è una cittadina di circa 50.000 abitanti.

Lecco è montagna perché sopra di esso c'è il Resegone, una montagna famosa che ha le cime disposte come i denti di una sega.

Lecco è anche lago. Il suo lungolago è la parte più affascinante della città. Nel centro di Lecco c'é l'antico borgo, dove si trova l'antica piazza del Mercato, la Torre Viscontea e vari palazzi antichi. Inoltre si può visitare

Piazza Cermenati, importante centro mercantile aperto direttamente sull'acqua, con la quattrocentesca Prepositura, il Palazzotto del Pretorio e il Palazzo delle Paure.

LUI 12 luglio

– Perché sei sempre al bar adesso? – mi domanda Giorgio.

– Eh sì, che strano! – fa Michele. Poi mi guardano e ridono.

Io li ignoro. Mi siedo al bancone e chiedo il solito drink.

Lei mi sorride. Quando sorride è più bella che mai!

Mi mette davanti un bicchiere di Sprite.

Io la sorseggio[I sip it]. Intanto la guardo e la desidero. Stringerla [to hug her], baciarla, toccarla... Stop, smetto di guardarla. Forse capisce i miei sogni "proibiti" [forbidden] ? No, non credo perché mi chiede indifferente:

– Come stai?

– Bene.

– Stai studiando?

– Sì, tra un mese ho un esame molto difficile.

– Cosa?

– Anatomia.

– Già, è vero. Stai studiando medicina.

– Hai pensato alle lezioni d'italiano?

– Sì, ci ho pensato.

– Non ne hai bisogno – interviene Michele. – Parli benissimo così. Anzi, guarda, parli meglio di tanti qui. Ride.

Lei sorride. Sorride spesso. Ma solo con la bocca non con gli occhi. Gli occhi di Serena non sorridono. Mai. Questi occhi azzurro cielo sembrano sempre pieni di nuvole. Chissà cosa la preoccupa. Nessuno lo sa. Serena non parla mai di sé. Mai una parola sulla sua vita, sulla sua famiglia, neppure sulla sua città. Ogni volta che le ho fatto delle domande, lei ha sviato [diverted].

Qui tutti le fanno la corte [they court her] perché è molto bella. Alta, gambe lunghe, capelli biondi cortissimi, una bocca dal labbro inferiore sporgente [prominent] che le dà un'aria così sexy!

"Potrebbe andare in televisione, fare la velina" dice Michele.

Le Veline

La parola velina è nata per indicare in tono ironico le ragazze sexy che partecipano a una trasmissione molto popolare in Italia: "Striscia la notizia" (una specie di parodia di un telegiornale).
In seguito però velina è diventato un termine usato per indicare una ragazza o giovane donna che svolge la funzione di show girl in un ruolo assolutamente passivo. La velina cioè non deve avere particolari doti se non di essere bella e mostrare la sua bellezza!

Per lui è il più grande complimento per una ragazza.

E' arrivata due mesi fa, in giugno, e ha cominciato subito a lavorare nel bar sulla spiaggia dello zio Luigi. I clienti maschi del locale sono raddoppiati [redoubled]. Soprattutto nelle prime settimane tutti i ragazzi e gli uomini dell'uomo venivano a vedere "la straniera figa" [hot].

Figa, figo, sfigato...

Sembrano termini volgari (e in realtà un po' lo sono!), ma sono molto diffusi e ormai non soltanto i giovani li usano. Figa/o significano "sexy, bella, attraente", invece "sfigato" è il "loser". Lo sfigato per eccellenza è un personaggio italiano del cinema degli anni '70. Lo conoscete? Si chiama Fantozzi ed è protagonista di molti film.

Adesso è quasi agosto e, come sempre, Bellagio è piena di turisti. L'interesse per Serena è diminuito [has decreased] perché ci sono tante ragazze, italiane e straniere. Certo, non sono belle come Serena, ma comunque carine, sexy e, soprattutto, molto più disponibili di lei. Come dice Michele, Serena è chiusa, chiusa come un riccio [a clam]!

– Non ho mai una ragazza della sua età così seria! – ha detto diverse volte.

In effetti Serena non è mai uscita con nessuno. Anche quando finisce il lavoro non va mai da nessuna parte. Lo so perché Bellagio è un paese e qui si sa tutto di tutti.

Ogni tanto nel bar arrivano gruppi di ragazzi e ragazze. La invitano a sedersi al tavolo con loro, e lo zio Luigi:

– Il locale è vuoto – le dice. – Prenditi una pausa e sta' con loro.

Ma Serena rifiuta. Sorride e risponde:

– Grazie, Luigi. Grazie, ma preferisco di no.

Nei momenti di pausa, invece, si siede per conto suo e legge. Tutti libri italiani. Vuole imparare bene la nostra lingua, dice.

Anche ieri, quando era in pausa, leggeva.

Mi sono avvicinato e le ho chiesto:

– Cosa ne dici di qualche lezione?

 Cosa ne dici di…?

E' un modo per fare proposte e inviti in italiano. Cose ne dici di qualche lezione? Cosa ne dici di una nuotata? Cose ne dici di andare a nuotare?

– D'italiano? – ha chiesto lei.

– Sì, posso dartele io se vuoi.

– Non voglio niente gratis [free] – ha detto lei.

– Non gratis – le ho risposto io. – Tu, in cambio, puoi darmi lezioni di tedesco.

– Mmm– ha fatto lei. – Ci penso.

Io non sono il tipo che insiste. Ma questa volta l'ho fatto.

– A me farebbe molto piacere – ho detto. – Conosco bene la lingua italiana, sai? Ho frequentato il liceo classico.

Lei ha sorriso. Il solito sorriso malinconico. Non ho capito se era un sì o un no. Oggi sono tornato per avere la risposta.

Sorseggio la mia Sprite, la guardo mentre pulisce il bancone, e non parlo.

Lei si volta verso di me e mi dice:

– Ho pensato alla tua proposta riguardo alle lezioni.

– Allora?

– Sì, mi piacerebbe.

– Cominciamo stasera?

– No, stasera no. Domani sera.

– Dove? Vuoi venire a casa mia?

Lei non mi risponde.

– Puoi fidarti ^{trust me} – aggiungo. E lo dico sinceramente. Sono un ragazzo tranquillo e mite ^{mild} di natura. E poi sono abituato ad avere ospiti a casa mia ragazze. La maggior parte sono "amiche", vengono da me a parlare dei loro problemi d'amore.

Ma Serena non dice niente. E' ancora diffidente^{distrustful}!

– Possiamo anche stare qui nel bar dello zio – le propongo. – Sul retro ^{back} c'è una stanzetta che lui non usa mai e che…

– No, va bene casa tua – dice lei. Poi aggiunge:

– Spero che non ci sono problemi.

– Prima lezione: devi usare il congiuntivo dopo il verbo "pensare." Penso che non ci *siano* problemi. Non c'è nessun problema, non ti preoccupare.

Il congiuntivo presente

Il congiuntivo presente si usa:
• Con l'imperativo di cortesia.
>   *Entri, signora. Venga!*

• Nelle frasi dipendenti retto dai verbi come: pensare, credere, immaginare.
>   *Credo che Susanna studi inglese.*
>   *Il professore pensa che non sia bravo.*

Il congiuntivo del verbo 'essere' è	
io	sia
tu	sia
lui, lei	sia
noi	siamo
voi	siate
loro	siano

Il congiuntivo del verbo 'avere' è	
io	abbia
tu	abbia
lui, lei	abbia
noi	abbiamo
voi	abbiate
loro	abbiano

LEI 13 luglio

Sono arrivata a Bellagio due mesi fa e da allora non ho letto un giornale, non ho aperto una pagina Internet. Avevo, *ho* paura di trovare il mio nome e la mia foto.

Mi sono adattata ^{I've got used to} alla vita qui: lavoro, nei momenti liberi leggo e studio, come non ho mai fatto prima. Nella pausa, tra le due e le quattro, vado alla piscina sulla spiaggia. Non mi distendo al sole, ma entro in acqua e nuoto avanti e indietro. Mi piace stare in acqua. È questo l'unico momento della giornata in cui sono veramente felice.

La mia vita qui non brutta, forse a volte un po' noiosa. Al bar la gente è simpatica, il proprietario, Luigi, è gentile e il tempo è sempre bello.

Le giornate scorrono ^{pass} veloci, io non penso, non ne ho il tempo. Quando a letto sto per addormentarmi e i pensieri arrivano, li caccio via come cani affamati. E sopra ogni altro, QUEL pensiero che si materializza sempre nella stessa immagine: io, che alzo il braccio e nella mano tengo la pistola, e la pistola che spara e lui che cade.

Lui è tedesco e ha l'aspetto di Georg, il mio ragazzo, *mein Freund*, come ho insegnato a Daniele. Fidanzato? ^{fiancé}, mi ha chiesto. No, fidanzato è una parola grossa, semplicemente ragazzo, *boyfriend* si direbbe in inglese. Georg non era certo il tipo del fidanzato. Mi voleva bene, a suo modo, ma mi disprezzava ^{despised} anche. Georg disprezzava tutte le ragazze. Le considerava delle sgualdrine ^{sluts}. Così diceva, siete tutte sgualdrine. Però quando era dolce, era veramente dolce. Forse era quello che mi piaceva di lui: il contrasto tra il suo lato duro e insensibile e la dolcezza che mostrava quando era con me. Per questo forse avevo l'illusione che alcuni momenti insieme potessero riscattare ^{compensate} tutto il male che mi faceva.

Qui so di piacere a tanti ragazzi. Deve essere perché sono carina, ma anche perché sono bionda e ho gli occhi azzurri. Agli italiani le bionde piacciono tanto.

Io però non sono attratta da nessuno se non da uno, un giovane. È molto diverso da Georg. Georg era alto e con il viso da duro ^{tough guy}, gli occhi piccoli. Questo è più bello e più misterioso: molto alto e magro, ha capelli neri, un sorriso a labbra strette, che non è mai un vero sorriso, e una pelle bianca come non ho mai visto a nessuno. Ricorda uno di quei vampiri dei film. In effetti qui lo chiamano tutti così: il Vampiro, e qualche idiota dice

12

anche che lo è veramente.

Tra i clienti ^{customers} abituali del bar c'è un ragazzo sui vent'anni che si chiama Michele, detto Michelone perché è grande e grosso.

René è entrato nel bar qualche giorno fa. Io lo guardavo e Michele lo ha notato. È venuto da me a dirmi:

– Quello piace a tutte le ragazze, ma ascolta un consiglio! Sta' lontano da lui! È uno pericoloso.

E io:

– Perché? E' un criminale?

– Criminale no, non si può dire. Però sta in una villa qui fuori città e fa… – a questo punto ha abbassato la voce – dei riti ^{rituals} satanici.

– Riti satanici? Vuoi dire cose col… diavolo? – ho chiesto io sorridendo perché a queste cose non credo.

– Sì, voglio proprio dire "quelle cose col diavolo". Si trova sempre con un gruppo. Non è gente di qui, ma che viene da fuori.

– Ma come sai che si tratta di riti satanici?

– Lo so da un amico che ha sentito da un altro che è andato nella villa.

– E che cosa fanno durante questi riti?

– Evocano il diavolo, uccidono animali e anche … persone.

– Vuoi dire uomini e donne?

– Sì, voglio dire che…

A quel punto però si è interrotto perché sono entrati i suoi amici.

– Te ne parlo un'altra volta – mi ha detto.

LUI, 17 luglio

Quando Serena è seduta vicino a me, nel mio appartamento, mi sento felice e nello stesso tempo agitato. Una giostra ^{merry-go-round} di pensieri, emozioni, desideri, si scatena dentro di me.

So che non ho speranze con lei. Lei, come tante altre, mi vede semplicemente come un amico, simpatico, carino, forse, ma semplicemente un amico. Forse dovrei smettere ^{stop} di vederla e darle lezioni, ma non riesco.

Oggi mi ha telefonato Debora. E' una ragazza vivace e allegra. L'ho conosciuta l'anno scorso, era qui in vacanza. Abbiamo avuto una breve storia. – Vengo a Bellagio anche quest'anno – mi ha detto. – L'anno scorso ci siamo divertiti, no?

Sì, è vero. Ma non è Debora che voglio, è Serena.

Bella e impossibile.

LEI 18 luglio

Ogni sera, quando finisco il lavoro, Daniele mi aspetta. Con quel suo modo sempre corretto e sorridente.

Buono, dolce, un viso carino, magro ma atletico. Un ragazzo perfetto.

Ma non so se potrei mai innamorarmi di lui.

E comunque è uno che pensa troppo. Quando ero ragazzina ammiravo molto gli uomini intelligenti. Adesso li evito. Mi ricordano mio padre. Un uomo tanto intelligente sì, ma con tutta la sua intelligenza, un grande egoista. Sì, forse per questo detesto gli intelligenti: ti fanno credere che sono migliori degli altri. Invece sono come gli altri, anzi possono essere anche peggiori.

E' veramente per questo che penso che Daniele non sia il tipo per me? No, non credo. Daniele è molto intelligente, ma buono e sensibile. Gli manca una sola cosa: quel lato^{side} oscuro che mi affascina più di ogni altra cosa.

Per ora comunque ci frequentiamo molto: lo vedo ogni sera perché mi dà lezione d'italiano e io, in cambio, gli do lezioni di tedesco. Sono sicura che non lo fa per imparare il tedesco – le mie lezioni fanno veramente schifo^{they suck} – ma perché è un po' innamorato di me.

Io invece penso a René che non vedo da alcuni giorni.

Meglio così. Forse.

LUI 19 luglio

Ho visto come *lo* guardava.

Ero lì quando è entrato. Tutto vestito in nero: maglietta, pantaloni, scarpe nere mentre la sue pelle è bianca come l'avorio ^ivory^.

E lei *lo* guardava. Le piace, forse l'affascina.

Ne sono irritato ^bothered^ ma non stupito. Intuisco ^I understand^ che Serena è più simile a lui di quanto lo sia a me.

Hanno tutt'e due qualcosa di strano e misterioso. Perché è vero che sono innamorato di Serena, ma so perfettamente che in lei c'è qualcosa di strano.

Adesso sta servendo una birra al bel René. I suoi begli occhi azzurri sono dentro a quelli di lui. Sguardi intensi che parlano e che esprimono più di mille parole. Come non si sa niente di lei, non si sa niente neppure di lui.

E' venuto qui quattro anni fa. Vive in una casa appena fuori dalla città, si chiama Villa Cipressi. E' una delle ville più belle e più antiche ^ancient^ della zona. Non ci ha abitato nessuno per anni e un giorno…

Un giorno è arrivato lui. Tutto solo. Dicono che lì passa la maggior parte del suo tempo, non si sa a far cosa.

Vicino alla villa non ci sono altre case: dietro di essa solo prati e campi, davanti, a un chilometro circa, passa la strada provinciale. Nessuno sa che cosa succede in quella grande casa, ma da quando René vi è entrato, si dice che faccia feste e festini, orge e riti satanici e chi più ne ha più ne metta ^and the list could be go on forever^.

Io non credo a una parola. Continuo a guardarlo: adesso ha preso il bicchiere di birra e si è seduto a un tavolo. Solo come sempre. Non parla mai con nessuno e io non l'ho mai visto con nessuno.

Mentre sorseggia la birra, legge un libro. Gli passo vicino per uscire e vedere il titolo sulla copertina: è la BIBBIA.

LEI 21 luglio

Oggi ho fatto una cosa che volevo fare da tempo, ma non ne avevo mai avuto il coraggio. Sono andata in biblioteca e ho navigato in Internet.

Non lo facevo da mesi e mi mancava terribilmente.

Per anni ho navigato in Internet, ho chattato, visitato siti, scritto mail. Per tanto tempo il computer è stato il mio migliore amico.

Leggo le notizie sui siti di diversi giornali e riviste. Non c'è niente su di me. Però, penso, sono passati più di due mesi. Cerco nell'archivio il mese di maggio. Sto per cliccare, però poi ci ripenso. No, meglio continuare a leggere le ultime notizie.

   – Ehi, Serena!

Mi volto di scatto. E' Michele.

Guarda lo schermo ^{screen}.

   – Uh, tutto scritto in tedesco! Ti manca il tuo paese? – mi chiede.

   – No – dico io decisa.

Si siede vicino a me. Io mi alzo.

   – Ho finito – dico.

Si alza anche lui e mi viene dietro. Non smette un secondo di parlare.

E' un tipo che parla tantissimo. Anche nel bar. Mi si siede vicino e parla parla parla.

Michele è l'italiano tipico, come uno se lo immagina: ha il naso lungo, , i capelli ricci ^{curly} e neri e gli occhi scuri.

Passa nel bar gran parte della giornata. Aiuta un po' Luigi, il proprietario. Questi in cambio gli offre drink gratis, parla con questo e con quello, gioca a biliardo ^{billiard}, ogni tanto fa un giro ^{goes around} con il motorino.

   – E' estate – dice. – Mi voglio divertire.

A me questa vita non sembra molto divertente. Però non sono io a poter giudicare quale vita è divertente. Non riesco a immaginarmi una bella vita. La mia era brutta e piena di problemi. E' quello che mi piace nello stare qua: non ho problemi, non penso a niente, e ho anche qualche momento di felicità. Non chiedo di più.

LUI 22 luglio

Quando sono andato oggi al bar ad aspettare Serena, ho visto Michele.

E' spesso al bar. Dice che non sa che cosa fare. Michele è un mio compagno delle scuole elementari. Poi lui ha frequentato le scuole medie del paese, io invece ho continuato a studiare in una scuola della città. Ero molto bravo e mia madre voleva per me la migliore istruzione ^{education}. Io poi sono andato alla scuola superiore, invece Michele ha fatto qualche corso e poi ha lavorato come cameriere.

Quest'anno però non lavora da nessuna parte.

– Non ho voglia di fare il cameriere – ha detto. – Fare il cameriere è un lavoro di schifo. Le mie ambizioni sono altre…

 Fa schifo *disgust*

Non è un'espressione molto elegante, ma la gente la usa molto spesso. *often*
Cosa può fare schifo?
Una città, un cibo, un libro, un film… Anche una persona!
Schifo si usa anche in espressioni come quella utilizzata da Michele.
"E' un lavoro da schifo!"

Oggi Michele sta aiutando Serena a pulire i tavoli. Poi in genere si ferma a mangiare con lo zio Luigi. Allo zio fa piacere avere compagnia. Da quando è morta sua moglie si sente molto solo. Zio Luigi è il fratello di mia mamma. Abbiamo sempre avuto buoni rapporti. E' una cara persona.

Questa sera c'è una bella atmosfera al bar. Sono tutti allegri, anche se non si sa bene perché.

Michele fa battute ^{he make jokes} su alcuni dei clienti abituali; Serena e lo zio ridono. Anch'io rido. Michele, a volte, è proprio divertente.

– Perché non vi sedete un attimo con noi a bere qualcosa? – propone lo zio.

Io non so cosa rispondere. Se restiamo qui con loro, non facciamo la lezione d'italiano. Non è per la lezione. Il fatto è che mi piace stare solo con lei.

Serena non dice niente.

– E dai! – insiste Michele. – Ti faccio un cocktail. Ne so fare di fantastici!

Lei sorride. Mi guarda.

– Per me va bene – dico io. – Possiamo cominciare la lezione un po' più tardi.

LEI 26 luglio

Sono restata al bar e ho bevuto. Ho fatto una sciocchezza! *stupidità* Da quando sono arrivata in Italia non ho più bevuto alcol. Quando ero in Germania bevevo parecchio. Ogni giorno birra, vino, anche superalcolici, cocktail soprattutto. Mi piaceva bere perché mi piaceva come mi faceva sentire; allegra e libera... Però non ero mai completamene lucida *I never had a lucid mind*.

Per questo, da quando ho cominciato la mia "nuova vita" qui, mi sono detta:

– Voglio smettere completamente di bere.

Perciò niente più alcol, fino a oggi. Ho cominciato con un cocktail e a questo ne è seguito un altro e poi un altro ancora.

Ma adesso, che non sono più abituata, ho perso il controllo.

Su di me. Sulla situazione. Su quello che dico.

E loro ne hanno approfittato. Soprattutto Michele. Con la sua faccia da simpaticone mi ha fatto raccontare della mia città, della mia famiglia, della mia vita in Germania. Non ho detto tutto e non ho detto sempre la verità, ma ho parlato troppo.

Era quasi notte quando Daniele mi ha accompagnato a casa.

Prima di entrare io l'ho abbracciato *I hugged him*. Con l'alcol, mi è anche tornata la voglia di stare con un ragazzo. E lui? Lui mi ha baciato, ma niente di più.

A letto continuavo a pensare a lui. Forse i bravi ragazzi cominciano a piacermi o forse era solo l'effetto dell'alcol?

Mi sono svegliata nel cuore della notte.

Quell'angoscia *anguish* che ho tenuto lontano per settimane è arrivata come un'onda gigantesca *a huge wave*. Mi ha travolto. *It overwhelmed me*. Il ricordo di quello che ho fatto... Mi è venuta in mente *came to my mind* di un'opera teatrale. Ero andata a vederla con la scuola l'anno scorso. Era il "Macbeth" di Shakespeare. In questo dramma lui parla con la moglie dopo aver ucciso il re. Le dice che sente una voce che grida: "Macbeth ha ucciso", "Macbeth non dormirà più"... Anch'io sento una voce che mi dice: HAI UCCISO.

21

Mi sono addormentata dopo ore, quando era ormai l'alba ^{dawn}. *by now*

Di mattina però sono andata lo stesso al bar. Non volevo stare a casa perché non volevo pensare.

Il signor Luigi, dopo la serata insieme, era molto gentile.

Io sono stata seria e silenziosa tutta la mattina. Servivo ai tavoli e stop.

Per fortuna a un certo punto è venuto Daniele. Carino e tranquillo come sempre. Ieri ho capito che è davvero un ragazzo affidabile ^{reliable}, unico sulla faccia della terra. Poteva approfittare ^{take advantage} della situazione, ma non lo ha fatto. Ieri ci siamo baciati in strada, io poi gli ho chiesto di venire in camera mia. E lui mi ha detto:

– Mi piaci tantissimo, Serena e credo di essere innamorato di te.

Però così, ubriaca, non mi sembra giusto. Voglio stare insieme a te, lo voglio più di ogni altra cosa, ma non in questo modo.

Stamattina quando mi sono svegliata, il mio primo pensiero è stato per lui: adorabile, questa è la parola giusta. Non tutti gli uomini dunque sono vermi o maiali. Ci sono anche quelli come Daniele.

Adesso è qui e sta parlando con suo zio Luigi. Sono seduti a un tavolo in un angolo del locale. Non sento che cosa stanno dicendo. Chissà se stanno parlando di me…

Oggi Michele non c'è, per fortuna. Sembra un buono, ma anche lui è un maiale. Mi guarda con certi occhi… sembra che voglia divorarmi ^{devour me}!

Daniele si è appena alzato dal tavolo, e anche Luigi. Vengono al bancone.

– Prepara un buon cappuccino per mio nipote! – dice Luigi. – Offre la casa.

Daniele mi chiede se questa sera voglio andare da lui per la lezione.

– Questa sera preferisco di no – dico io. – Sono molto stanca, devo dormire. Facciamo domani. Ti dispiace?

– Certo che mi dispiace. Ma è meglio così anche per me. Anzi… forse è meglio vederci dopodomani sera. Dopodomani mattina ho l'esame.

– Vuoi studiare oggi e domani?

– Sì, è un esame molto difficile.

– Per me va benissimo. E se lo passi, possiamo uscire insieme.

Lui sorride felice.

– Possiamo andare a cena. Hai voglia?

– Sì.

– Bene, adesso torno a studiare allora – dice e mi bacia. Un bacio leggero sulle labbra. Ma basta quel bacio per farmi fremere ^{shudder} leggermente.

– A dopodomani – ripeto

LUI 26 luglio

return

L'esame è dopodomani, io dovrei studiare ma non riesco. Riesco solo a pensare a lei. Ieri ci siamo baciati, o meglio, lei mi è saltata al collo e ha cominciato a baciarmi. Era ubriaca, io naturalmente l'ho baciata, ma non ho voluto fare niente di più. Posso sembrare uno sciocco, ma non voglio questo genere di cose.

L'alcol però ha avuto anche effetti positivi: finalmente ho saputo qualcosa di lei e della sua vita.

Ha detto che viene da Amburgo, che lì andava a scuola, che i suoi sono separati, che ha un brutto rapporto con la madre, che non vede mai il padre. Aveva un fidanzato che con lei era "cattivo" (parole sue).

Poi è venuta via con me.

Michele e lo zio l'avevano invitata in discoteca: – Dai, Serena! La sera è giovane, continuiamo a divertirci…

Per fortuna lei ha *ebb* rifiutato. Per fortuna perché mio zio e Michele erano ubriachi e la guardavano in un modo… Serena li fa impazzire. Così giovane, bella e fresca.

Lo zio Luigi è sempre stato un uomo serio. Però da quando ha perso la moglie, l'anno scorso, è cambiato. Solo oggi ho visto quanto. Lui, un uomo adulto di quarant'anni, continuava a fare complimenti a Serena ma lei … niente. Credo invece che finalmente si fidi di me e…

Ora sono davanti a questi maledetti libri e continuo a pensare a lei.

Un pensiero ossessivo, un desiderio costante, che diventa quasi un bisogno. *need*

E' la prima volta che sono così dominato dal sentimento e dall'emozione.

Forse perché non ero mai stato prima così innamorato.

LEI 26 luglio

Per tutta la mattina ho pensato a Daniele e solo a lui.

Poi non ho avuto più tempo per i pensieri, per nessun pensiero. A mezzo-giorno sono arrivati decine di clienti: tutti turisti, in gran parte tedeschi. Correvo avanti e indietro a portare acqua, birra, panini, piadine, insalate.

 La piadina

La piadina è un prodotto alimentare tipico di una regione del Nord Italia, l'Emilia Romagna. E' composta da una sfoglia di farina di frumento. Tradizionalmente viene cotta su un piatto di terracotta, ma oggigiorno su piastre di metallo. Si serve ripiena con prosciutto, formaggio o con pezzi di salsiccia. Si può anche servire dolce con crema o Nutella.

Alle tre ero stanchissima, ma ancora c'erano clienti da servire.

– E' quasi agosto, alta stagione[high season] – mi ha detto Luigi. – Sto cercan-do un'altra cameriera. Qui noi due soli non ce la possiamo fare.

La giornata è continuata così. Non ho avuto un momento di pausa. Subito dopo il lavoro sono andata a casa e mi sono addormentata prima delle nove di sera.

LEI 27 luglio

Arrivo puntuale come sempre. Quando entro nel bar, non vedo Luigi. Al posto suo, al bancone c'è una ragazza. E' molto alta, ha un viso largo, gli occhi chiari e sporgenti, una faccia simpatica. Si chiama Clara e vive qui.

Parla continuamente, anche mentre serve. Parla con me, con i clienti, con Luigi. Proprio il contrario di me.

Di pomeriggio dopo pranzo, Luigi mi dice:

– Ti vedo stanca. Prenditi qualche ora libera – mi suggerisce. – Vai in piscina. So che ti piace nuotare.

Ah sì, che bel regalo, Luigi! Prendo la mia borsa ed esco quasi di corsa.

Nuoto a lungo. Quando esco sono le quattro ed è ora di tornare al bar.

Attraverso la spiaggia, arrivo sulla strada. Qui una moto mi si ferma a due centimetri.

Spaventata, faccio un salto indietro ^{I jump back}.

La persona sulla moto si toglie il casco ^{takes off the helmet}.

– René – dice. – Mi chiamo René. Ogni tanto vengo al bar.

Ha una voce profonda.

– So chi sei – rispondo io.

– Posso accompagnarti?

– Sto andando al bar, è qui a cento metri.

– Capisco. Hai ancora tempo?

– No, non credo, sì, cioè forse dieci minuti.

– Dieci minuti sono pochi.

– Per che cosa?

– Per qualsiasi cosa.

Mi scruta. I suoi occhi hanno qualcosa di inquietante ^{upsetting}, forse per il colore o per l'intensità dello sguardo. E' vestito come sempre, completamente in nero, i capelli neri gli arrivano quasi fino alle spalle.

Senza scendere dalla moto, mi accompagna senza parlare. Soltanto quando siamo davanti al locale, mi dice:

– Vorresti venire a casa mia domani sera? Faccio una festa, cioè vengono degli amici. Si ascolta musica, si balla...

– No, non posso, mi dispiace. – rispondo io.

Lui fa una specie di sorriso.

– Non devi avere paura. Te ne puoi andare in qualsiasi momento. Ti accompagno io a casa.

– Ok, ci penso.

Entro nel bar e mi accorgo [I realize] che mi batte forte il cuore. Quel ragazzo ha su di me un effetto pazzesco! [crazy]

Vado al bancone dove c'è Clara.

– Ehi, ti ho visto parlare con il bel René. E' tuo amico? – mi chiede.

– No, viene qualche volta qui al bar. Ma è la prima volta che parlo con lui.

– Sei fortunata. Mai visto nessuno tanto figo... [imagine?]

– Mi ha invitato a una festa per domani sera.

– Veramente? So che fa delle feste. Le fa nella villa. Ma non invita mai nessuno del posto. E tu, cosa hai risposto? Ci vai?

– Forse, non lo so ancora.

– Hai paura eh? Ne avrei anch'io, però io ci andrei. Mi piace troppo.

– Lui?

– Chi se no? Qui lo chiamano il Vampiro. Su di lui dicono di tutto: che è una specie di Dracula, che è in una setta satanica, che è un pazzo, ma tutte le ragazze sono perse [have a crush on sb.] per lui. Uno così lo vedi solo nei film, e neanche i nostri, ma quelli di Hollywood.

– Ragazze... Allora? – ci sta rimproverando Luigi. – Il locale è pieno!

Mezz'ora dopo la situazione al bar è più tranquilla. Intanto è arrivato Michele.

– Ehi, che ci fai tu qui? – chiede a Clara.

– Lavoro, non vedi? – risponde lei ridendo.

– Vi conoscete? – domando io.

– Sì, abbiamo frequentato la stessa scuola.

– Quindi lavori qui adesso – dice Michele.

– Sì, fino a ottobre praticamente – dice Clara.

– Bene, sono contento. Così ci vedremo spesso.

Michele si siede con una birra davanti. Luigi si siede con lui.
Ormai non ci sono quasi più clienti.

E' quasi l'ora di chiusura quando entra René. Viene direttamente al bancone.

Michele e Luigi lo seguono con lo sguardo. Anche Clara lo guarda.

– Ci hai pensato? – mi chiede René.

– Sì.

– E allora?

– Vengo.

– Passo a prenderti.

– A casa?

– Dove vuoi.

Gli do il mio indirizzo.

Mi guarda negli occhi intensamente. Ha degli occhi strani: di colore verde
o azzurro, ma con pagliuzze^{blades of straw} più chiare, di giallo. Occhi da… vampiro? No, che sciocchezze! Io non credo a queste cose, come non credo ai
riti satanici e ai satanisti. Sono solo invenzioni, stupide superstizioni…

Esce. Seguito dagli sguardi di tutti.

Torno al bancone e finisco di mettere a posto ^{tidy up} insieme a Clara. Curio-
sissima.

28

– Allora che cosa gli hai detto? Vai? – mi chiede sottovoce.

– Sì, vado.

– Oh, che bello! – esclama lei. – Domani mi racconti.

– Certo.

– Sei preoccupata?

– No – dico a Clara, e sono sincera.

– Forse hai ragione. Le persone, a volte, sono migliori di quanto sembrano.

LUI 28 luglio, mattino

Ho finito l'esame alle 9.40. Ero il primo della lunga lista dell'ultima sessione. Uscito dall'aula, sono andato praticamente di corsa alla stazione. Qui ho preso al volo ^{I caught on fast} il treno per Bellagio. Alle 11 ero al bar.

Con mia grande delusione non ho trovato Serena.

– Oggi non viene – mi ha detto lo zio Luigi. – Mi ha telefonato all'orario d'apertura, alle sette. Mi ha detto che non sta bene.

Sono andato direttamente a casa sua. Ho bussato ^{I knocked} alla porta, ma non ho avuto nessuna risposta. Deve esserci, ho pensato, e ho bussato ancora. Finalmente ha aperto la porta. Aveva una faccia pallida e occhi pesti ^{rings under her eyes}.

– Scusa, ti ho svegliata – le dico.

– Non sto bene.

Io sto sulla porta, imbarazzato. Non so cosa dire.

Lei non mi guarda neppure.

– Ti saluto – dice. – Devo tornare a letto.

– Posso fare qualcosa per te? – chiedo io.

Un no secco, e mi chiude la porta in faccia.

Sono deluso e arrabbiato. Ma possibile che le cose con le donne non mi vadano mai per il verso giusto ^{always go wrong}?

Torno al bar. C'è una nuova ragazza, Clara. La conosco di vista perché è di qui.

Mi siedo al bancone.

– Serena? – mi chiede.

– Non sta bene– rispondo io.

– Ah. Del resto…

– Del resto cosa? – domando.

– Del resto – dice lei, e i suoi occhi a palla diventano ancora più sporgenti – ieri aveva appuntamento con un'altra persona.

– Cioè?

– Mmh... Non so se posso dirtelo.

– Puoi, puoi – dico io.

– Prima però voglio sapere una cosa. State insieme voi due?

– Non esattamente.

– Ti piace, vero? In effetti è una bellissima ragazza. Accidenti, vorrei avere il suo corpo! E pensare che...

A Clara piace parlare, ma io non ho voglia di ascoltare.

– Per favore, Clara...

– Sì, sì, ok, però non dire che te l'ho detto!

– D'accordo.

– E' andata dal bel René alias il Vampiro.

– Andata da? Vuoi dire che è andata a casa sua?

– Sì, è andata a una festa da lui. E poi...

Non sento le sue ultime parole perché sono già fuori dal bar.

Sono arrabbiato. Con lei, con Serena, con René, con tutti.

Tutta timida e ritrosa ^{bashful} e ha accettato di andare a casa di quel tipo? A una delle sue feste?

In pochi secondi decido: ritorno a casa sua.

LEI 28 luglio, pomeriggio

Dopo che Daniele se n'è andato, sono tornata a letto e ho dormito un'altra mezz'ora. Quando mi sono svegliata stavo meglio.

Tiro fuori la borsa da sotto l'armadio. E' la borsa che ho portato dalla Germania: il mio piccolo bagaglio. Comincio a mettere dentro delle magliette.

Qualcuno bussa alla porta. E' di nuovo Daniele.

Questa volta lo lascio entrare. Lui vede subito la borsa sul letto.

– Te ne vai? – chiede.

– Sì.

– Da lui?

Capisco che con quel "lui" allude a ^{he hints at} René. Qualcuno gliene ha parlato, probabilmente Clara.

– Sì – rispondo.

– Perché? State insieme?

– No, ma mi ha offerto di stare nella sua casa. E' molto bella e grande.

– Non è per quello che stai andando lì.

Io mi siedo sul letto.

– No, non è per quello – dico.

– Ti piace così tanto?

– Sì, mi piace molto, mi piace anche se mi fa paura. Questa per me è una combinazione magica.

– Hai le idee chiare – fa lui ironico. Ma io rispondo senza ironia:

– In un certo senso sì.

Si è seduto anche lui sul letto accanto a me.

– Hai fatto l'amore con lui?

– Non sono fatti tuoi.

– Lo so, ma te lo chiedo lo stesso.

– No, non mi ha neanche baciata.

– Però vai da lui!

Mi alzo e prendo un bicchiere d'acqua.

– Ho una sete terribile – dico.

– Hai bevuto ieri sera?

– Sì, un po'.

– Era una festa?

– Una specie. C'erano una quindicina di persone, tutti giovani. Siamo stati tutto il tempo nel salone della villa. C'era una strana atmosfera. Il salone era illuminato ^{it was lit} da grandi candelabri, un po' come in un film dell'orrore. La gente stava seduta e fumava.

– Hashish?

– Hashish, marijuana, non lo so. A un certo punto è cominciata la musica. Hard Rock, un genere che io odio. Però quando gli altri hanno cominciato a ballare, ho ballato anch'io. Fino alla fine. E' bello ballare. A te piace?

– Hai preso anche tu droga?

– No, io non fumo.

– Hai parlato con lui?

– No, cioè poco. Non parla molto. Non è una persona normale.

Daniele mi fissa.

Vuole chiedermi qualcosa con quello sguardo intenso, senza dover usare le parole. Capisco che cosa e gli rispondo. Voglio essere chiara con lui; non voglio ingannarlo ^{cheat him} in nessun modo.

– Anche tu mi piaci, ma non io non, non… – Sono imbarazzata e non so come dirlo. Voglio dire che … credo che …

– Che io non sono il tuo tipo?

– No, sei molto carino e dolce. Quando ci siamo baciati l'altra sera, ho sentito il feeling, come si dice, l'attrazione… Forse tu sei la persona

33

giusta per me, ma io non lo sono per te.

Anche adesso che è arrabbiato, non riesce a essere veramente duro. E' serio, addolorato ^sorry, ma non duro:

– Lo dici per non offendermi. In realtà…

– No, sono sincera.

Mi avvicino a lui e gli do una carezza ^caress.

– Ti assicuro. Io… tu non sai chi sono io.

– Una ragazza bellissima e tenera.

– No – gli metto una mano sulla bocca. – Non sai che cosa dici. Ti ripeto: non sai chi sono io e di che cosa sono capace ^what I'm capable of. Credimi, Daniele! So quello che dico.

– Ti credo – dice lui, prendendomi la mano nelle sue. Mi abbraccia e mi bacia. Daniele bacia con tenerezza ^tenderness, ma anche con passione. E' un misto che rende i suoi baci i più dolci che abbia mai provato ^felt.

Continuiamo a baciarci. Adesso siamo sdraiati sul letto. Mi bacia il collo, le mani forti sui miei fianchi.

Io lo bacio, ma non con la stessa passione e lui lo sente.

Smette, mi accarezza e mi dice:

– Per favore, non andare da lui.

– Io… veramente… ieri gliel'ho promesso.

– Digli che vuoi ancora pensarci.

– Io….

In quel momento qualcuno bussa alla porta. Quando vado ad aprire mi trovo davanti Michele.

Sta sulla porta. Non lo faccio entrare. Lui sembra imbarazzato e seccato nello stesso tempo.

– Mi ha mandato Luigi. Ha provato a chiamarti sul cellulare, ma è spento.

– Cosa vuole?

– Chiede se ti senti meglio e se vai al lavoro questo pomeriggio. C'è molta gente, ha detto. Lui e Clara non ce la fanno più ^{can't make it}.

– D'accordo, vengo. Digli che tra mezz'ora sono lì. Il tempo di farmi una doccia e vestirmi.

– OK – fa lui e se ne va.

– Devo andare al bar – dico a Daniele che è ancora sdraiato sul mio letto.

– Ho sentito – fa lui. – Ti accompagno.

Sorride. Quanto è dolce, questo ragazzo!

LUI 28 luglio, pomeriggio *next week*

Usciamo dall'appartamento dopo quindici minuti.

Mentre camminiamo verso il bar, le chiedo se lavorerà tutto il giorno.

– Credo di sì. Se c'è tanta gente, mi dispiace lasciare Clara da sola.

– E questa sera? – chiedo con tono indifferente, ma non sono indifferente. Anzi… La sua risposta è per me terribilmente importante. Perché da quella dipende la mia futura relazione con lei.

– Ho deciso che questa sera non vado da René. Mi lascio tempo per rifletterci.

Sono sollevato. *problem*

Siamo al bar. Lei va al bancone, io mi siedo a un tavolo (l'unico libero) in un angolo.

Un minuto dopo una persona si siede accanto a me. E' Michele.

– Allora? – mi chiede.

– Allora che?

Lui ridacchia *chuckles* e poi aggiunge:

– Oggi ti ho visto da lei.

– Da lei chi? – faccio io.

– Dai! Sai bene di chi parlo. Ti ho visto da lei, Serena, nel suo appartamento.

Io taccio e lui continua:

– Dimmi, sei andato a letto con lei?

– No – rispondo io.

– Non ci credo! Non è che ….

Lo interrompo:

– Porca miseria, Michele. Non sono fatti tuoi!

Michele si alza tutt'offeso.

36

– Va be', credevo di essere un tuo amico. Vuol dire che mi sbagliavo.

Si alza e se ne va senza salutare.

"Gli passerà", mi dico io. E comunque io non considero Michele. Siamo stati compagni di scuola cent'anni fa e ci vediamo qualche volta al bar. Questo certamente non fa di due persone degli amici.

Prima di uscire vado da Serena.

– Questa sera sei a casa? – le chiedo.

– Sì, ma sarò stanchissima. Vorrei andare a letto presto.

– Lo chiami? Gli dici che non vai da lui?

– Sì, non ti devi preoccupare.

E invece io mi preoccupo. Ma non insisto.

Invece vado a casa dove mi aspetta mia mamma. Mi ha preparato una torta. Per il mio esame.

Perché a Serena ho dimenticato di dirlo: ho passato l'esame di anatomia con trenta.

La scuola e i voti

A scuola i voti vanno dall'uno (pessimo) al dieci (eccellente), ma la maggior parte degli insegnanti non mette meno di quattro.
Il sei è il voto sufficiente per "passare" l'anno.
All'università invece i voti vanno da 18 (il minimo) a 30 (il massimo). Il massimo dei punti della laurea è di 110 (se particolarmente buono: 110 e lode). Per alcune facoltà è invece 100.

LEI 29 luglio sera

Lavoro da stamattina alle otto. Sono molto stanca. Clara invece è meno stanca di me.

– Io di sera non vado alle feste – mi dice. – Anche se mi piacerebbe…

Mi racconti tutto, vero?

– Certo. Appena abbiamo tempo – rispondo io.

– Uno di questi giorni ci facciamo una pizza insieme e parliamo per ore, dai!

Io non rispondo.

Siamo fianco a fianco dietro al bancone. Lei sta preparando un panino. Mentre lavoro parla:

– Che forte! Io, invece, ho una vita noiosa ma davvero noiosa. Il problema è che vivo con mamma e papà, non libera come te. Solo adesso sono sola a casa, ché i miei sono in vacanza. Ma in questo paese non succede mai niente, proprio niente di niente.

Mi preparo per uscire quando entra René.

– Siamo chiusi – gli dice Luigi con un tono sgarbato[impolite], che mi stupisce [he astonishes] perché lui è sempre molto gentile con i clienti. E' chiaro che non gli piace. Forse tipi come René piacciono soltanto a noi ragazze.

– Ti aspetto fuori – mi dice lui uscendo dal bar.

Io saluto Luigi e Clara, che mi sorride.

René mi sta aspettando in piedi vicino alla moto che regge [keeps] con una mano. Sotto il sole che tramonta [sets] sembra più spettrale [ghostly] e più affascinante che mai. I capelli scuri hanno toni bluastri, gli occhi brillano di pagliuzze gialle e dorate, le labbra appaiono quasi nere.

Terminazioni

All'aggettivo si puó aggiungere una terminazione che modifica il significativo dell'aggettivo.

Per esempio: blu ➡ bluastro.

In questo caso –*astro* corrisponde all'inglese –*ish* e indica "un po'", spesso è peggiorativo.

La casa ha le mura giallastre. Un po' gialle, di un giallo brutto.

Non mi saluta, non mi bacia, mi chiede semplicemente:

– Vieni?

– No, non stasera – gli rispondo io. – Sono molto stanca, vado a casa e dormo.

– Non hai più bisogno di lavorare in quel posto. A casa mia puoi avere tutto quello che vuoi.

– René, grazie, sei molto gentile. Ma ci devo pensare.

– Capisco – dice lui. Deve essere deluso, ma il suo volto rimane inespressivo.

– Domani ci vediamo io e gli amici, vuoi venire? – mi chiede.

– Sì, credo di sì. Te lo posso dire domani stesso?

– Va bene.

Sale sulla moto e parte a grande velocità.

LEI 30 luglio, mattina

Di nuovo una giornata terribile con tantissimi clienti da servire. Anche Luigi ha dovuto lavorare, perché Clara non è venuta. Luigi l'ha chiamata sul cellulare cinquanta volte. Niente da fare: era sempre spento.

– Sei preoccupato? – ho chiesto a Luigi.

– No, sono incazzato – ha risposto lui. – E' fine luglio. Abbiamo il locale pieno e io non so come fare senza Clara. Qui abbiamo bisogno di un'altra persona.

– Forse non è stata bene – ho detto io.

– Sì, può essere. Ma perché non risponde al cellulare? E comunque poteva almeno chiamare!

Michele è arrivato, come sempre, a metà mattina. Si è offerto di andare a casa di Clara "a dare un'occhiata".

– Sai dove abita? – chiede Luigi.

– Sì, l'ho accompagnata un paio di volte dopo il lavoro – fa lui. – Abita a dieci minuti da qui. Posso andarci anche a piedi.

Torna dopo mezz'ora.

– A casa non c'è – dice. – Tutto chiuso, e non risponde al citofono^{intercom}.

Verso le tre arriva Daniele. Ha accompagnato sua madre all'aeroporto. Sono felice di vederlo. Tra un cliente e l'altro parliamo. Mi guarda con dolcezza.

– Ci vediamo questa sera? – mi chiede.

– Sarò stanchissima. Oggi manca Clara e …

– Non importa. Vengo qui e ti porto a casa, poi vediamo.

– Ok, vediamo.

Mi dà una carezza. Luigi vede e ci riprende.

– Daniele, per favore! Serena deve lavorare.

Lui se ne va e io continuo a lavorare. Faccio questo lavoro da quasi tre mesi ormai e comincio a essere stanca. Non ho più voglia di servire ai tavoli caffè, cappuccini e panini. So però di non avere altre possibilità e adesso sono già fortunata ad avere *questo* lavoro.

LUI 30 luglio, pomeriggio e sera

Quando sono arrivato al bar questa sera, Michele e lo zio stavano aiutando Serena a pulire i tavoli.

– E' la prima volta che ti vedo lavorare – ho detto a Michele.

– Mi sono messo ad aiutare anch'io – fa lui seccato.

Mi hanno detto che Clara oggi non è venuta al lavoro e non ha neppure chiamato. Io non conosco Clara. Mi sembra comunque una un po' "spensierata" thoughtless. Magari è tra le braccia di qualche turista.

– Domani vengo io ad aiutare – dice Michele allo zio Luigi. – Basta che mi paghi.

– Bravo! – gli dice Luigi. – Ti aspetto.

Mi offro anch'io. Così posso stare con Serena.

Luigi sembra sollevato.

– Benissimo – dice. – A domani quindi.

Usciamo tutti e tre.

– Sei stato molto gentile – mi dice Serena. – Grazie.

– E' una sciocchezza – rispondo io.

– Tuo zio era molto nervoso oggi.

– Mio zio è ancora sconvolto upset per la morte della moglie, credo. L'anno scorso è morta. Un incidente stradale!

– Vuoi andare a mangiare?

– Mmh, non ho fame in realtà.

– Cosa ne dici di una nuotata? So che ti piace nuotare.

– La piscina è ancora aperta?

– Possiamo nuotare nel lago. Conosco un posto dove l'acqua è bellissima.

– Sono le otto di sera!

– Fa ancora caldo e non c'è nessuno in giro.

Sorride. E' un sì.

LEI 31 luglio, notte $2-11$

Una sera perfetta. Una sera come quelle che si vedono nei film o che si leggono nei romanzi d'amore. Una nuotata al tramonto del sole. Io e lui abbracciati in acqua e poi la cena a casa sua.

Un piatto di spaghetti, una bottiglia di vino bianco freddo e frizzante^{sparkling} come usano qui e una fetta di tiramisù, il mio dolce preferito.

 Il tiramisù

E' uno dei dolci italiani più famosi. E' un dessert che si mangia con il cucchiaio. La base è di savoiardi (un particolare tipo di biscotti) che sono inzuppati di caffè, mascarpone (un formaggio) e uova.
Si mangia con il cucchiaio.

Dopo cena Daniele non ha fatto nessun accenno al...^{didn't hint at} letto. E' proprio vero: Daniele è l'unico "ragazzo non porco" che abbia mai conosciuto.

– Sei molto stanca – mi ha detto. – Se vuoi ti accompagno a casa.

Mi ha portato a casa e siamo rimasti in auto sotto casa mia a baciarci.

Mi sono sentita quasi felice dopo tanto tempo. Forse prima o poi potrò raccontare tutto a Daniele, forse lui che mi ama, mi aiuterà.

Per la prima volta dopo mesi mi sono addormentata senza brutti pensieri.

LUI 1 agosto

Abbiamo lavorato tutto il giorno nel bar. Io, Serena e Michele. Mio zio è arrivato soltanto nel pomeriggio. Invece Clara sembra scomparsa.

Di pomeriggio è venuta una sua amica a cercarla al bar. Ha parlato con Luigi. Era una ragazza sui vent'anni, con i capelli rossi, una vivace e sicura di sé.

– Sono venuta qui a cercarla perché sono preoccupata – ha detto. – Non riesco a trovarla da nessuna parte: non è a casa, non è qua, non è da nessuno dei suoi amici... – si è messa a gridare.

Tutti i clienti del bar la guardavano.

Lo zio le ha chiesto di seguirlo fuori dal bar. Mi ha chiamato:

– Per favore, Daniele, parlale tu!

Lei, che sembra irritata, mi chiede:

– Tu chi sei?

– Mi chiamo Daniele e sono suo nipote. Tu chi sei?

– Loredana – mi risponde lei. – Loredana Costa.

– Conosci Clara?

– Solo di vista.

– Clara è la mia migliore amica. Io la conosco bene. So che non sparirebbe così senza dire niente a nessuno.

– Secondo te le è successo qualcosa?

– Sì, a questo punto sì. Forse è il caso che vada alla polizia.

– Fai bene.

– Credi?

– Sì, questa è una città piccola, ma le cose possono succedere anche qui.

Lo zio mi chiama e io torno a lavorare.

Alle sette il locale comincia a svuotarsi. Ultimi aperitivi, ultimi clienti. Appena prima di chiudere appare René alias Nosferatu. Lo vedo io per primo.

45

Sto pulendo i tavolini appena fuori dal bar.

Sta immobile a lato della porta d'entrata. Non guarda niente e nessuno. Pallido come un cadavere, i capelli neri che gli cadono ai lati della faccia fino alle spalle. Sembra proprio uscito da un film sui vampiri. Mio Dio, dà i brividi^{makes me shudder} solo a guardarlo! Come può piacere a Serena? Ma le piace veramente poi?

Io faccio finta^{I pretend} di non vederlo, Michele chiama Serena:

– Guarda che c'è il tuo amichetto che ti aspetta.

Lei esce, io non mi muovo. Parlano piano, e io non riesco a sentire cosa dicono.

In realtà parla lei. Lui ascolta. Poi se ne va.

Serena mi si avvicina:

– Mi ha chiesto di andare da lui oggi. Gli ho detto di noi. Gli ho detto che sto uscendo con te.

LUI 2 agosto

Anche questa mattina sono andato al bar ad aiutare lo zio.

– Grazie Daniele – ha detto lo zio. – L'ultimo giorno. Domani viene una nuova ragazza. Un'amica di Michele, si chiama Sofia.

– Bene – ho detto io. Non mi piace lavorare come cameriere. E' stressante e monotono.

Ho chiesto a Serena se a lei piace.

– No, non mi piace – ha risposto lei. – Ma non ho altra possibilità.

– Cosa significa questo?

– Te lo spiego un altro giorno – mi ha detto lei misteriosa.

Non ho insistito. So che è meglio non insistere. Quando vorrà parlare parlerà.

Alle due sono arrivati due poliziotti. Hanno parcheggiato la macchina qui davanti.

– Siamo qui per la ragazza scomparsa – dice il più anziano dei due. Lo zio lo conosce perché lo chiama per nome: Giuseppe.

– E' inutile che la cerchiate qui – risponde lo zio. – Non la vediamo da quasi tre giorni.

– Però questo è l'ultimo posto dove è stata vista – dice il poliziotto. – Dovrei parlare con tutte le persone che lavorano nel bar.

Cominciano a fare domande. Prima allo zio Luigi, poi a me, poi a Serena, infine a Michele.

Gli agenti se ne sono andati nel tardo pomeriggio, ma sono tornati dopo un paio d'ore, all'orario di chiusura. Il bar era vuoto. E di nuovo hanno fatto domande. Lo zio Luigi ha fatto un paio di nomi che i poliziotti hanno scritto. Io ne ho detto un altro: quello di René.

– René chi? – chiede il poliziotto più anziano.

– Non conosco il cognome – rispondo io. – Ma so che abita nella grande casa vicino alla provinciale. Villa Cipressi.

47

– Ho capito – esclama il poliziotto. – E' quello che si veste sempre di nero… E poi domanda:

– Aspettava Clara?

– No, è venuto per me – ha detto Serena.

– Lei conosce bene questo… René? – chiede l'agente.

– No – risponde Serena. – Non bene.

– Non lo hai visto più quella sera?

– Non quella sera, è venuto ieri sera però.

– E lei non conosceva Clara? – insiste il poliziotto.

– Sì, sono sicura. Lei stessa mi ha detto che non lo conosceva.

I poliziotti non sembrano convinti. Il poliziotto più vecchio dice all'altro:

– Andiamo alla Villa Cipressi. Vorrei parlare con questo René.

Anche noi ce ne andiamo.

Io accompagno Serena a casa. Sembra triste.

– Credo che René sia nei guai^{is in trouble} – dice.

– No, non ti preoccupare!

Siamo arrivati sotto casa sua.

Si scusa: – Non ti faccio salire perché sono stanchissima. Mangio e vado a letto.

Mi bacia e mi abbraccia.

A domani, mia dolce Serena.

LEI 2 agosto

Questa mattina ho visto sul giornale in prima pagina la foto di Clara. Nell'articolo che seguiva si diceva che Clara era scomparsa. E si ipotizza che sia stata uccisa.

Uccisa, mio Dio!

Quando arrivo al bar, sono già tutti lì: Luigi, Michele, e… i poliziotti.

Sono gli stessi poliziotti di ieri accompagnati da un terzo. E' un uomo alto con i capelli grigi. Dice che devono interrogarci.

La prima a essere interrogata sono io.

Mi chiedono come mi chiamo, da dove vengo, perché sono qui. Io do loro il mio nome inventato: Serena Bianchi. Mi chiedono la carta d'identità e io rispondo che l'ho lasciata a casa.

– Mi raccomando. La porti domani – mi dicono. E poi domandano:

– Era amica di Clara?

– La conosco da poco – rispondo. – Lavora qua da solo quattro giorni. Comunque abbiamo un buon rapporto. Mi sembra molto simpatica.

– Sa che lei è stata l'ultima a vedere Clara?

– Io… l'ultima? Non lo so. Siamo uscite insieme dal bar alle 19.30 quando il bar ha chiuso.

– Lei dov'è andata?

– Io sono andata a casa e credo anche lei. Così mi ha detto quando ci siamo salutate.

Mi chiedono anche di René, da quanto lo conosco, se lo frequento regolarmente, se l'ho visto quella sera, la sera in cui è scomparsa Clara.

– No, non l'ho visto. Dopo la nuotata sono andata a casa.

– Aveva appuntamento con qualcun altro?

– No, sono rimasta a casa e sono andata a letto presto.

– C'era qualcuno con lei?

– No nessuno rispondo io

– Va bene per ora può andare.

Per ora ... Quando mi alzo mi tremano le gambe.

Presto scopriranno chi sono e mi arresteranno. Forse credono che io sia coinvolta nella scomparsa di Clara. Cosa posso fare?

Per ora continuo a lavorare come se niente fosse. Alla prima occasione, vado a casa, preparo la borsa e me ne vado.

Preparo due cappuccini per una coppia di clienti francesi.

"Magari posso andare in Francia" penso.

A mezzogiorno chiedo a Luigi una mezz'ora di pausa per fare una nuotata.

Lui mi dice:

– Sì, ma per favore, solo mezz'ora.

– Sì, va bene – faccio io.

A casa faccio velocemente la borsa ed esco.

Intanto penso a Daniele. Mi dico che forse non lo rivedrò mai più.

Mi dispiace, mi dispiace tanto, ma cosa posso fare se no? Non ho scelta. Vado di corsa alla stazione.

Il prossimo treno per Milano partirà tra mezz'ora.

Ho comprato il biglietto e mi siedo su una delle panchine^{bench} vicino alla stazione.

Sfoglio una rivista che qualcuno ha lasciato sulla panchina.

Improvvisamente mi accorgo^{I realize} che una persona mi sta osservando. Sollevo lo sguardo. Per poco, dalla grande sorpresa (quasi uno spavento!) non cado dalla panchina. Davanti a me sta un ragazzo. Lo riconosco subito come lui ha riconosciuto me. E' un mio compagno di scuola. Si chiama Peter Schilling. Sta lì in piedi a fissarmi. Deve essere qui in vacanza.

Nessuno dei due apre bocca.

Io mi alzo e mi allontano^{I leave.} Mi tremano le gambe. Aspetto che quello si metta a gridare: – Arrestatela, è un'assassina!

Invece arrivo indisturbata fino alla biglietteria ed esco in strada. Mi volto: non mi ha seguito, per fortuna. E adesso cosa faccio? Questo continuo a chiedermi: cosa faccio?

Arrivo alla strada principale. "Posso fare l'autostop^{hitchhike}" penso.

So che è pericoloso per una donna, ma quale altra possibilità ho? Non posso certo andare a piedi fino a Milano!

Sto ferma sulla strada per mezz'ora con il pollice^{thumb} sollevato. Passano tante macchine, ma non se ne ferma nessuna. Solo adesso si ferma un'auto a pochi metri da me. A bordo ci sono quattro ragazzi. Tutti maschi. Due hanno una lattina di birra in mano.

– Ehi, bella – mi domanda uno.– Dove vai?

– A Milano – dico io.

– Dai, sali! – Fa quello. – Ti portiamo noi.

Io non mi muovo. Ho paura. Faccio qualche passo indietro.

Proprio in quel momento arriva un angelo. Un angelo nero, completamente nero. Ma chi sa come sono veramente gli angeli?

LEI 2 agosto, pomeriggio

Sono a casa sua. C'ero già stata, ma era sera tardi. Perciò non ho visto quasi niente. Adesso invece è pomeriggio, un pomeriggio di sole. Così si vede quanto è grande questa villa. E' così grande da sembrare un castello.

Ci sono mobili antichi, tavoli e tavolini, dipinti piccoli e grandi appesi alle pareti, alti scaffali pieni di libri dappertutto, pavimenti di marmo marble bellissimi.

– Sembra un museo – gli dico.

– Sì, è vero – risponde lui. E poi più niente.

Mi fa vedere la cucina: enorme, ordinata e pulita. In realtà, tutta la casa è molto pulita e ordinata.

– La cucina è a tua disposizione – mi dice. – Quando hai fame, prendi quello che vuoi. Puoi anche cucinare naturalmente.

Usciamo dalla cucina e passiamo attraverso una grande sala.

– Quando ti annoi puoi vedere la televisione. Mi fa vedere il grande televisore ultramoderno, sistemato nella parete.

Poi mi accompagna al piano superiore dove c'è la mia stanza. Tutta dipinta di rosa con un grande letto nel centro. Una camera da film di Walt Disney!

– Questa è la tua stanza – mi dice. – Qui accanto c'è il bagno. E' piccolo, ma c'è tutto.

Io metto la borsa a terra.

– Non mi chiedi perché…?

– No – m'interrompe lui. – Non voglio sapere niente. Io non faccio domande a te e tu non ne fai a me.

– D'accordo.

– Puoi restare qui tutto il tempo che vuoi – mi dice.

Esce dalla stanza silenzioso.

Io mi distendo sul letto. Ho aperto la finestra e l'aria fresca del giardino mi soffia^{blows} sul viso. Mi addormento.

52

Mi sveglio dopo tre ore.

Faccio la doccia nel bagno accanto alla mia camera. Esco dalla stanza e scendo al piano inferiore. In cucina prendo dal frigorifero una bottiglia di Coca–Cola. Chissà se René è in casa…Non lo vedo da nessuna parte! Vado in sala e mi siedo davanti al televisore. C'è il telegiornale delle sei.

La prima cosa che vedo è il volto face di Clara. La voce del giornalista commenta: "E' stato trovato il cadavere della giovane scomparsa tre giorni fa a Bellagio. Clara Mignani si era …"

Morta, Clara è morta dunque! Oh Dio! Mi sento male. Corro in bagno e vomito. Quando torno in sala trovo René seduto su una delle poltrone.

– Ho sentito il telegiornale alla televisione – dico. – Clara è morta. Ammazzata.

Lui non si muove e non parla. Mi guarda con quel suo volto pallido.

Parlo io.

– Tu la conoscevi? E' mai stata qui? – chiedo io.

– No, non la conoscevo e non è mai stata qui. In questi due giorni la polizia mi ha fatto visita tre volte – dice lui. – Adesso che hanno trovato il cadavere della ragazza, torneranno sicuramente.

– Perché?

– Credono che io sia l'assassino. Anche se non ho capito perché. Io questa ragazza, Clara, non la conoscevo neppure.

– Quindi la polizia verrà qui? – domando io.

– E' molto probabile. Ma non te ne devi preoccupare, non ti vedranno. Questa è una casa grande e antica e ha delle stanze segrete.

"Stanze segrete come nei libri di orrore…" penso io.

Ho un brivido[I shiver]. Lui se ne accorge.

– Hai paura? – chiede. – Non ne devi avere. Non voglio farti del male. Non è per questo che ti ho chiesto di venire qui. Vuoi continuare a vedere la televisione?

– Non adesso – rispondo.

53

– Allora vieni con me.

Mi accompagna in una piccola stanza piena di libri. In un angolo c'è un tavolino di legno e sopra un computer.

Lui si avvicina a uno scaffale, mette la mano tra i libri e preme qualcosa. Lo scaffale si muove, lentamente, ruota^turns verso destra rivelando una porta che René apre. Essa non porta a un'altra stanza. C'è una scala che porta verso il basso.

– Seguimi – mi dice René. Con una torcia fa luce. Scendiamo le scale, poi camminiamo per pochi metri in un corridoio buio e scendiamo altre scale. Arriviamo a un'altra porta che René apre con una chiave.

Siamo in una cella: piccola e buia^dark, ci sono soltanto un letto e una sedia. Non vedo finestre.

– Questo posto fa paura – dico.

– Lo capisco. Però qui la polizia non può trovarti.

Mi guardo intorno.

– Non c'è nessun altro qui, vero?

– No, chi dovrebbe esserci? – chiede lui. E' la prima volta che lo vedo stupito^surprised. – Io vivo solo nella villa.

Risaliamo.

– Vuoi mangiare? – mi chiede. – Ho fatto la spesa, nel frigorifero trovi quello che vuoi.

– Tu non mangi?

– No, di sera non mangio mai. Non a quest'ora almeno.

René mi sembra sempre più strano… Non parla, non mangia, non beve. Io però ho fame e sete. Vado in cucina e mi faccio un piatto di pasta.

La villa è di nuovo silenziosa. Dalla finestra del pianterreno guardo fuori e vedo il bellissimo giardino tutt'intorno.

Vorrei uscire, ma so che non posso. Ho paura che qualcuno mi veda.

Chissà dov'è René.

54

Cosa fa tutto il giorno? Lavora? Credo di no. Forse studia all'università. Sì, potrebbe essere uno studente. Del resto non dimostra più di ventidue, ventitre anni… E quella storia del vampiro? Mah, sciocchezze!

Accendo la televisione mi metto a vedere un film italiano, uno di quelli vecchi in bianco e nero.

Film e cinema italiano

Il cinema italiano vanta grandi nomi come Federico Fellini e Vittorio de Sica (registi) e di attori come Alberto Sordi, Vittorio Gassman, Ugo Tognazzi, Marcello Mastroianni e Sofia Loren.

Federico Fellini (Rimini 1920 – Roma 1993) é forse il regista italiano piú famoso.
Ha diretto per quasi quarant'anni decine di film. I suoi film più conosciuti sono La dolce vita (1960) e Armarcord (1973) che sono diventati famosi in tutto il mondo e citati in lingua italiana. Le sue opere sono piene di satira di ironia, ma anche di una sottile malinconia.

Alle dieci vado nella mia camera e chiudo la porta a chiave.

A letto non riesco a dormire. Sono nervosa. Mi addormento molto tardi e mi sveglio continuamente. Continuo a sognare mostri vestiti di nero con denti appuntiti[sharp]. Nell'ultimo sogno mi appare lui, René; indossa la sua maglietta nera e i pantaloni neri aderenti, è piegato sopra di me sul letto. Apro gli occhi appena in tempo per sentire i suoi lunghi denti che affondano nella carne[flesh] morbida del mio collo.

LEI 3 agosto, mattina

E' l'alba. Io sono sveglia. La stanza si sta lentamente riempiendo di luce. Sono ancora *sconvolta* da quel sogno che mi sembrava tanto reale. Rimango a letto e mi chiedo: "Che giornata mi aspetta oggi?"

Quando ero in Germania, soltanto tre mesi fa, detestavo la routine giornaliera. Alzarmi di mattina, fare colazione, uscire e prendere l'autobus per la scuola, stare seduta ore in classe, parlare con compagni noiosi. I pettegolezzi^the gossip su questo e su quello, i commenti sui voti, i progetti per l'università e per la vita… Ma io non volevo piani e progetti. Io cercavo l'intensità e l'emozione. E li cercavo nella vita notturna: i miei amici, il mio ragazzo erano diversi dai miei compagni di classe. Belli, brillanti, trasgressivi… Con loro passavo ogni sera. Bevevamo tanto, a volta prendevamo droghe. E poi andavamo per locali, club, discoteche…

Ma adesso capisco che non erano quelle le emozioni che cercavo. In realtà quello che cercavo erano emozioni vere, di una vita vera, di una Julia vera.

E adesso, adesso sono qui in un paese straniero, in una…

– Serena, Serena, apri! Ho sentito una macchina. Deve essere la polizia.

E' la voce di René.

Io corro alla porta, ma mi accorgo che indosso solo una maglietta.

– Aspetta un secondo, devo vestirmi! – dico e mi metto i pantaloni.

René è vestito come sempre e ha l'aspetto di sempre. La voce tradisce^reveals però un tono di leggera agitazione.

– Vieni con me! – mi dice. – Però mettiti le scarpe e un maglione. Nel sotterraneo fa molto freddo.

Io metto scarpe e maglione e scendiamo in fretta^in a hurry al piano inferiore.

– Ho sentito una macchina che parcheggiava davanti alla casa. Qui non viene mai nessuno. Devono essere loro – dice René.

Non ha ancora finito di parlare che sentiamo bussare alla porta.

René mi fa scendere alla svelta nel sotterraneo.

– Devi andare da sola – dice, mettendomi in mano la torcia. – Appena se ne vanno, scendo a prenderti.

Io comincio a scendere le scale mentre la parete si richiude dietro di me.

Adesso sono nel buio più totale. Accendo la torcia e continuo a scendere.

LUI 3 agosto, mattina

In ventiquattrore il mondo si è rovesciato[is upside down]

Clara è morta, Serena è scomparsa, il bar è aperto soltanto per la polizia. Lo zio Luigi sembra depresso e preoccupato. E' preoccupato per il suo locale. Ma io non ho nessuna compassione per lui. Non ha mai detto neppure una parola per Clara. Non gliene importa niente, sembra…

La polizia viene spesso al bar a interrogare le persone che vi lavorano. Clara non aveva un ragazzo e i suoi amici erano tutti in vacanza. Per questo la polizia pensa che l'assassino sia da cercare qui, tra le persone che hanno avuto a che fare con Clara negli ultimi giorni. Tra queste ci sono anche… IO.

Per fortuna ho un alibi per quella sera. Ero con la mamma e due sue amiche. Ma…ma… C'è sempre un ma. E questo "ma" è la mia relazione con Serena. Credono che la stia aiutando a nascondersi.

Io non ne so niente ho detto. Potrebbe essere morta anche lei.

L'ho detto con la morte del cuore, naturalmente. Ma il sospetto c'era e forte.

– Non è morta – ha detto uno dei poliziotti. – L'hanno vista verso mezzogiorno di ieri alla stazione dei pullman. La sua Serena stava cercando di scappare…

Mi hanno fatto un'altra lunga serie di domande e soltanto a tarda sera mi hanno lasciato andare.

A casa ho letto su Internet tutto a proposito del delitto di Clara.

L'hanno uccisa la sera del 26 luglio con otto coltellate[stabs]. Poi hanno gettato il corpo in un laghetto nella zona nord della città. Lo ha trovato tre giorni dopo un pescatore fisherman.

Non può essere stata Serena o almeno non Serena da sola.

Serena non poteva spostare move il corpo perché non ha la macchina.

La polizia indica come possibile complice René, l'uomo misterioso della Villa Cipressi.

58

Sul giornale si parla di feste e di riti satanici, tutti celebrati nella grande villa Cipressi di notte. I suoi principali protagonisti dovrebbero essere Serena e René. Clara, dicono, è stata una loro vittima.

Io però non credo a una parola. Tutte sciocchezze, tutte bugie…

LEI 3 agosto mattina

Cammino avanti e indietro nella mia cella. E' soltanto una cantina, continuo a ripetermi, niente di terribile, soltanto una cantina.

Quando ero piccola, passavo tanto tempo con mia nonna. Mio padre lavorava e mia madre stava sempre con amiche o estetiste[beauticians]. Si annoiava a stare con me, me lo diceva chiaramente.

Perciò mi lasciava spesso con mia nonna, che invece mi adorava. Mi raccontava tante storie dei suoi tempi. A volte si ripeteva, ma a me piaceva lo stesso.

Mi ha raccontato almeno dieci volte un episodio di quando aveva circa dieci anni. Era il 1945 e c'era la guerra in Germania. Il paese era totalmente distrutto, ma i bombardamenti continuavano. I paesi si vendicavano[took revenge] dei disastri che la Germania nazista aveva provocato, diceva la nonna. C'erano poche case ancora in piedi in città e anche quelle poche non erano sicure. Perciò gli abitanti trovavano riparo refuge nei rifugi antiaerei, soprattutto nelle cantine[cellars].

Una volta, la nonna rimane sola in una di queste cantine per ore e ore. Sua mamma, che è la mia bisnonna, era andata a cercare da mangiare. Lei, bambina di dieci anni, è stata chiusa lì dentro al buio, tra mille inquietanti rumori. Mi viene in mente questa storia perché io sono come quella ragazzina di dieci anni, chiusa nella cantina. Ma non ho dieci anni e non posso cantare. I poliziotti nella villa potrebbero sentirmi. Non posso fare niente qui sotto se non pensare e camminare avanti e indietro.

In questo sotterraneo è facile immaginare cose strane che, nel buio e nel silenzio, sembrano reali. Uomini come René, dai volti pallidi, cadaveri, coltelli insanguinati[bloodstained]…

René non vampiro o lupo mannaro[werewolf], ma qualcosa di molto più realistico, un maniaco, un assassino… Forse è proprio lui che ha ucciso Clara, forse vuole uccidere anche me. Io rimarrò qui sotto per sempre; o meglio, il mio corpo rimarrà qui sotto per sempre.

Magari la polizia non è nella villa. Me lo ha detto per farmi scendere nel sotterraneo perché da cui soltanto lui può farmi uscire.

Passa il tempo; ormai sono quattro ore. Ho fame, ho sete, e non posso fare niente se non aspettare. Ma aspettare che cosa?

E' mezzogiorno quando sento dei passi. E' René. Mi accompagna su per le scale nella villa.

Mi chiede se sto bene.

– Abbastanza – rispondo io.

– Non sembra. Stai tremando. Aspetta, ti prendo qualcosa per coprirti.

Mi mette la sua giacca sulle spalle. Io lo lascio fare, anche se so che non tremo per il freddo. Ma per la paura. Non ho il coraggio di dirglielo: mi vergogno^{I'm ashamed} terribilmente delle fantasie che ho avuto quando ero là sotto.

– Mi dispiace molto, ma hanno perquisito searched la villa. Tutte le stanze. E questa casa è veramente grande. Non hanno trovato niente naturalmente. Volevano portarmi in questura^{police headquarters}, ma io ho detto che ci vado soltanto accompagnato da un avvocato^{lawyer}. Pensavo a te di sotto per tutte quelle ore. Se mi portavano in questura, potevo stare via per ore…Non finisce la frase. Io sto ancora tremando.

– Secondo te tornano?

– No, non per oggi. Ma non so in futuro. Credo di essere ancora uno dei principali sospettati. Adesso devo uscire. Tu mangia e fa' quello che vuoi!

– Buona idea – faccio io. – Sono morta di fame.

– La polizia ti sta cercando – mi dice prima di uscire. – Credono che tu sia coinvolta^{involved} nella morte di Clara.

– Non è per quello che evito [*avoid*] la polizia.

Lui non replica. Con le chiavi della moto in mano si avvia verso la porta d'ingresso. Io lo seguo. [*followed*]

– So che il patto^{agreement} è di non fare domande – gli dico. – Però questo te lo voglio dire. Io non ho niente a che fare con l'omicidio di Clara.

– Va bene – dice lui ed esce. Mi ha creduto? Non lo so. Non è certo facile capire cosa pensa René.

Vado in cucina e mangio tutto quello che trovo. Mi siedo di nuovo in sala

61

davanti al televisore.

René è di nuovo scomparso. Chissà dove va tutto il tempo…

Guardo un telegiornale dopo l'altro. In ognuno di essi ci sono notizie riguardo all'omicidio di Clara. Si formulano ipotesi. Sono ipotesi sciocche come spesso succede. Rito satanico, orgia… Il principale sospettato è René naturalmente, René Fraisech. Non conoscevo il cognome di René. E' strano come lui.

Al telegiornale parlano anche di me. Sono una donna misteriosa, non si conosce il mio vero nome, non si sa da dove vengo…

Sto per riportare il piatto in cucina quando sento una musica, è il suono di un pianoforte.

Avevo visto un pianoforte nella grande sala vicino all'ingresso, un pianoforte antico. Vado in sala dove vedo René che suona il pianoforte. Le lunghe mani bianche si muovono con disinvoltura^{confidence} sulla tastiera. E' un pezzo che conosco, un pezzo famoso di Mozart. La musica è bellissima e mi siedo ad ascoltare. Suona a lungo René; non credo che suoni per me. Forse non si è neppure accorto che io sono qui. Suona con forza, intensità, passione, tutte qualità che devono essere custodite guarded dietro quella facciata d'impassibilità^{passiveness}.

Quando finisce si volta verso di me e mi chiede: – Ti è piaciuto?

– Sì, molto.

– Vieni qui.

Io mi avvicino a lui.

– Hai ancora paura?

– Forse un po'.

– Paura di me?

– Non lo so.

– Non devi averne.

René è molto alto. Così, seduto sullo sgabello^{footstool}, e io in piedi, i nostri volti sono talmente vicini che i nasi quasi si toccano. E' bello stargli così vicino.

   – Hai delle cose da nascondere? – chiedo.

   – Tutto.

   – Non capisco.

   – Non devi capire. Nessuno deve capire – si alza di scatto dallo sgabello.

Esce dalla stanza.

   – No, ascolta René! – E' la prima volta che lo chiamo per nome. – René, parlami. So che avevi detto che non volevi domande, ma io… voglio sapere.

Si ferma alla porta.

   – Che cosa vorresti sapere?

   – Io… io… Io non so niente di te – rispondo.

   – Cosa vorresti sapere? – ripete lui.

   – Io… io… – sono come bloccata. Lui scuote la testa e se ne va.

Torno nella mia stanza. Sono arrabbiata più con me che con lui. Volevo fargli cento domande e non gliene ho fatta neppure una.

Sono alla finestra e guardo il bellissimo giardino pieno di sole, quando lui entra nella stanza.

Il suo sguardo è caldo e intenso. Mi prende le mani. Le tiene nelle sue, che sono freddissime. Il solo contatto delle mani mi fa un effetto strano, sono come elettrificata. Mai con nessuno prima ho provato questa emozione.

Mi lascia le mani e mi abbraccia, stringendomi così forte che mi fa male.

   – Più piano – sussurro.

   – Scusa – risponde lui con una dolcezza che non gli ho mai sentito.

Mi prende per la mano e mi porta fuori della stanza.

Pochi passi lungo il corridoio ed entriamo in un'altra stanza. E' buia, con un letto grande matrimoniale. Non vedo altro perché mi spinge dolcemente sul letto. Si sdraia accanto a me.

Non sono mai stata un tipo passionale io, ho sempre tenuto la situazione sotto controllo. Adesso, invece, mi prende un qualcosa di morbido e insinuante, che invade ogni angolo del mio corpo.

Si sdraia accanto a me e mi accarezza: il seno, i fianchi, le gambe.

Ci baciamo. Lui mi spoglia. Con lentezza che fa salire ancora di più il mio desiderio. Anch'io lo spoglio. Ha un petto ampio, ben disegnato outlined, senza peli e le braccia muscolose. Vestito sembra più magro.

Ci accarezziamo, ci tocchiamo, giochiamo con i nostri corpi. Siamo arrivati al culmine. Adesso stiamo abbracciati nel letto, senza quasi muoverci. Lo guardo: il suo viso ha qualcosa di diverso, di più umano in un certo senso. Il viso sembra più rilassato, forse più… felice.

– Non hai più paura di me? – mi chiede.

– No, non ho paura di te, René, nessuna paura. Soltanto che vorrei chiederti delle cose.

– E io ti risponderò ma non adesso, serena.

– Non Serena, Julia.

– Julia. Questo è il tuo vero nome?

– Sì.

Mi abbraccia forte e mi accarezza i capelli.

– A una domanda credo che tu possa rispondere – dico io.

– Cioè?

– Perché sei così gentile con me?

Lui non risponde.

– Non è una domanda difficile – dico io.

– Per me tutte sono domande difficili.

Di nuovo tace per qualche secondo.

– Perché mi piaci molto, Julia.. Da tempo non incontravo una persona come te.

64

Si alza dal letto.

– Devo andarmene domani? – gli chiedo.

– No, non domani. Posso aspettare ancora un paio di giorni. Vediamo cosa succede.

– Adesso cominciano i telegiornali – dico io. – Andiamo a sentire.

Ci sediamo come una vecchia coppia davanti al televisore. E ascoltiamo i giornalisti che parlano di… noi.

Il caso della morte di Clara appassiona tutti proprio perché vi sono coinvolti dei "personaggi misteriosi", e questi personaggi misteriosi siamo io e René.

In quel momento suona il suo cellulare.

René risponde. Parla a monosillabi. Sì, no, non lo so. Infine: ciao.

– Uno dei tuoi amici? – chiedo io.

– Io non ho amici.

– Le persone con cui ti ho visto quella sera della festa…

– Non sono amici, ma persone conosciute per caso.

Un uomo che vive solo suscita sospetti di ogni genere. Per questo invito quelle persone, ma non sono amici. E loro non mi considerano un loro amico.

– Tu hai sempre vissuto solo?

– Per la maggior parte della mia vita.

– Non ne hai mai sofferto?

– Per me la solitudine è uno stato naturale.

– E io? Forse disturbo questo… stato naturale?

– Questa è una delle tue domande difficili, Julia. Mi stai chiedendo perché ti ho cercato e ti ho voluto qui in casa mia. E' perché, per la prima volta nella mia vita, credo di poter condividere[share] con qualcuno me stesso o almeno una parte di me stesso. Non è soltanto desiderio; non è soltanto amore. Troppo stupido il primo, troppo profondo il secondo.

65

Tu credi che abbiamo un'anima[a soul], Julia?

– Io veramente non ci ho mai pensato. A scuola ho studiato "Il Faust", sai, quella storia del professore che ha venduto l'anima al diavolo. Goethe era convinto dell'esistenza dell'anima. Io ci avevo pensato allora ma …. Non so… – Non riesco a rispondergli. Mi sento così sciocca e superficiale.

– Io credo che noi abbiamo un'anima – dice lui. – Io lo so. E so che è quello che ci unisce[joins us]: le nostre anime. Le nostre anime sono una cosa sola, da sempre.

– Credo di non capire ciò che mi stai dicendo.

– Non importa, Julia. Capirai, te lo prometto. Adesso però devo andare.

Mi si avvicina e mi prende la mano nella sua. Si china[he bows down] davanti a me come un antico cavaliere e la bacia.

Un gesto che, fatto da altri, sembrerebbe ridicolo, ha qualcosa di autentico e commovente[moving].

LUI 4 agosto, mattina

I poliziotti mi hanno di nuovo interrogato, hanno insistito sui sospetti, ma io di sospetti non ne ho. Non so chi possa aver ucciso Clara.

– Nella maggior parte dei casi gli assassini sono persone che si conoscono – mi hanno detto. – E non solo. L'arma del delitto^{weapon used in the crime} è molto probabilmente un coltello da cucina. Un'arma che uno non si porta dietro. L'omicidio è avvenuto in un appartamento, ne siamo sicuri e la vittima conosceva il suo assassino. Inoltre Clara non è stata violentata^{was not raped}. Prima di morire aveva fatto un pasto abbondante e aveva bevuto parecchio. Vino e superalcolici.

Adesso stanno facendo altre analisi. La polizia afferma di essere vicino alla soluzione. Dicono che presto prenderanno l'assassino.
E' domenica. Io mi sono svegliato presto.

Ma qualcuno si è svegliato ancora prima di me perché adesso questo qualcuno sta bussando alla porta. Vado ad aprire, convinto che sia la polizia. Invece mi vedo davanti Michele e zio Luigi.

– Meno male che sei già sveglio – mi dice Michele.

– Non sono già sveglio – dico io. – Non ho dormito proprio.

– Neanche a te questa storia fa dormire, eh?

– Come mai qui a quest'ora? – chiedo io sorpreso.

– La polizia non deve sapere che siamo qui – risponde mio zio.

Lo zio mi si avvicina e mi mette una mano sulla spalla. Capisco che sono qui perché vogliono qualcosa da me. Quando si comporta^{he behaves} così, significa che vuole qualcosa.

– Ascolta, Daniele – mi dice. – Tu sei un ragazzo intelligente, uno che studia, uno che… Sì, insomma, vedi Daniele… Questa storia ci ha sconvolto e ha sconvolto la nostra vita. Sai tra l'altro che il bar è ancora chiuso. Ci sono poliziotti che vanno e vengono di continuo.

– E' normale, zio! – dico io. – Stanno facendo delle indagini^{inquiries}!

– No, non è solo per quello. Vogliono trovare un capro espiatorio.

– Sì – conferma Michele. – Cercano qualcuno da incastrare.

– Quello che dico – continua lo zio – è questo: se la polizia trova final-mente il colpevole, questa faccenda finisce.

– E noi questo colpevole lo abbiamo – interviene Michele

– No, di' le cose come stanno! – fa lo zio. – Noi non abbiamo il colpevo-le, ma abbiamo forti sospetti.

🔊 L'Imperativo

Ricordi la forma dell'imperativo (per esempio: Be! Sii!) dei verbi irregolari italiani? Qui trovi una tabella per il ripasso:

Infinito	**Tu**	**Voi**
essere	sii!	siate
avere	abbia!	abbiate
andare	va'!	andate
dire	di'!	dite
dare	da'!	date
fare	fa'!	fate
sapere	sappi!	sappiate
stare	sta'!	state

– Su chi? – domando io, anche se conosco la risposta.

– René, quello della villa Cipressi.

– Ma quali sospetti! Non sapete niente – dico io.

– No, non è così! – ribatte lo zio. – Noi sappiamo perfettamente che è stato il Vampiro. Clara era innamorata di lui.

Fa una pausa di qualche secondo e poi continua:

– Proprio per questo siamo venuti. Volevamo chiederti se anche tu, come noi, hai sentito Clara parlare di René. Se ti ha mai detto che era inna-morata di lui.

– No, mai.

– Sei proprio sicuro? – mi chiede Michele.

– Certo che sono sicuro.

– Ascolta, Daniele – riprende lo zio. – Noi non ti chiediamo di dire delle cose che non sono vere. Ti chiediamo solo di non contraddirci, quando noi parleremo con la polizia.

– E direte?...

– Appunto che Clara frequentava quel René e che ce ne ha parlato come del suo ragazzo – dice Michele.

– Io ho visto la moto del vampiro vicino al bar il giorno in cui Clara è scomparsa – interviene lo zio.

– Ma volete accusare una persona soltanto per sviare[divert] le indagini…

– Te lo avevo detto Luigi… questo è un verme – esplode Michele. – Non capisci che non vuole aiutarci? Lui c'ha l'alibi, lui è tranquillo. Adesso che i suoi amici gli chiedono aiuto, gli dice di no.

– No, aspetta Michele! – dice lo zio. – Dimmi una cosa, Daniele: noi adesso andiamo dalla polizia e gli diciamo queste cose. Loro chiameranno anche te, oggi o domani. E tu, cosa farai?

– Dirò la verità – rispondo io.

C'è un attimo di tensione, come una corrente elettrica che attraversa la cucina. Lo zio non dice una parola. Michele mormora:

– Questa ce la paghi.

Se ne vanno.

Sono le sei e mezzo. Ciò che doveva succedere oggi è già successo.

Questa storia di Clara è terribile. Decido che devo fare qualcosa.

Ho ancora il numero di cellulare dell'amica di Clara, Loredana. Lei deve sapere più di ogni altro.

Aspetto le otto e poi chiamo. Mi risponde immediatamente.

– Chi parla? – fa lei.

Le spiego chi sono e le chiedo se possiamo vederci.

– Va bene – mi dice. – Anche subito. Tanto non so cosa fare.

– Ci vediamo a Punta Spartivento, al lago.

– Ok. Tra mezz'ora.

Mezz'ora dopo sono a Punta Spartivento.

Punta Spartivento

Si trova a pochi minuti dal centro di Bellagio. Da qui si gode una bellissima veduta sui tre rami del Lago e sulle montagne intorno (Prealpi). *vsew*   *coppu?*

Da casa mia ci posso andare a piedi. Vedo da lontano la figurina snella,[*slender*] i capelli rossi.

La trovo molto carina, anche se non esattamente il mio tipo.

– Sono perseguitata[*person*] – mi dice. – Non posso farmi vedere in giro. I giornalisti, appena mi vedono, mi inseguono e mi fanno domande

Mi racconta della sua amicizia con Clara:

– Siamo stati amiche per tanto tempo. Però quest'anno lei ha cominciato a lavorare e io sono andata a studiare a Milano. Quindi ci siamo viste poco. Però all'inizio di luglio, io sono tornata qui a Bellagio per le vacanze e abbiamo ricominciato a frequentarci. Ci sentivamo ogni giorno, ci vedevamo tutto il tempo, sai com'è?, quando si è state molto amiche è facile ricostruire la confidenza. Noi, anche se eravamo così diverse, ci capivamo a fondo[deeply].

– Quindi lei ti parlava di se stessa…

– Sì, e io di me. In questo periodo ho avuto un po' di storie.

Rapporti in italiano

• Rapporto (con una persona) si dice relationship.
Ho un buon rapporto con i miei genitori/professori/colleghi…
• Quando si parla di rapporto sentimentale si usa spesso l'espressione (colloquiale) "storia".
Ho avuto una storia con un ragazzo di Trento l'anno scorso.
• Invece per parlare di un … "affair" (relazione extra coniugale) si usa: relazione.
La moglie di Giorgio ha avuto una relazione con un collega. Ed è durata un anno!

Per lei invece era un periodo tranquillo. Era quasi un anno che non usciva con nessuno…

– Ti aveva mai parlato di René?

– Del Vampirissimo? Noi lo chiamavamo così. Clara ne parlava tutto il tempo. Le piaceva da morire. A me no. Bello è bello, niente da dire, però è uno che ti dà i brividi, accidenti! Ma Clara andava matta per i belli impossibili.

– René è questo?

– Assolutamente sì, bello e impossibile. Più impossibile dell'impossibile almeno per una come Clara. Clara era una ragazza normale, d'aspetto intendo. Normale, carina, ma non certo una che uno come René guarda.

– Lo dici con grande sicurezza.

– Beh, so come va il mondo in queste cose. I belli si mettono con i belli, i carini con i carini, i bruttini con i bruttini e i brutti magari con nessuno, perché i brutti non li vuole nessuno, neanche i brutti.

– Mi sembra una visione un po' semplicistica – faccio io.

– Sarà semplicistica, però è vera – replica lei convinta.

– Quindi, secondo questa logica, René e Clara non si frequentavano.

– No, e infatti non è mai successo. René non avrebbe invitato neanche me.

E questo che cosa vuole dire? Che in questa sua graduatoria list/ranking lei sta sopra a Clara, ma non al livello di René? Forse sì, anch'io la trovo carina, ma non bella come Serena.

– Non mi capisci, vero? – fa lei.

– No, no, capisco, almeno credo. Però ti ripeto: mi sembra una visione un po' elementare dei rapporti umani.

– Beh, sai, io sono una po'… basic – sorride.

– Comunque di una cosa sono sicura – aggiunge. – Clara a casa di René non c'è mai stata. E non c'è stata neppure quella sera. Non l'ha uccisa lui.

Ha parlato con tono freddo e io la guardo perplesso[puzzled].

71

– Scusa, forse sembro insensibile – fa lei. – E' il mio modo per non pensare a Clara morta. Sembro indifferente, ma in realtà sto male. So, capisco che è morta, ma non lo voglio accettare.

Riporto il discorso su René: per me è molto importante sapere.

– Insomma, pensi proprio che René non c'entri^{has nothing to do} with it.

– Te lo già detto, l'ho detto e ripetuto anche alla polizia. Quello non ha niente a che fare con l'omicidio. A quello della gente non importa niente. Io conosco uno che è andato a casa sua. Mi ha detto che c'è un salone dove lui fa delle feste. Invita della gente che conosce in giro. E sai cosa fa il bel René? Guarda gli altri mentre ballano, bevono, si divertono. Lui sta in un angolo e guarda. Non parla, non dice una parola, a volte suona il pianoforte, dicono molto bene, ma niente di più. Questo mio amico ha detto che non lo ha mai visto interessato a una ragazza. E tu pensi che uno così si interessi a una come Clara? Una ragazza che …

S'interrompe improvvisamente. Le labbra le tremano leggermente.

– Scusa. Il fatto è che… è orribile, è orribile e io a volte non riesco a…

– Mi dispiace – dico io. Sono imbarazzato; in queste circostanze non so mai cosa dire. Neanche quando è morto mio padre ho saputo cosa dire a mia madre. E' stata lei ad abbracciarmi, io non sapevo cosa fare.

Ma Loredana non mi abbraccia. Da' un ultimo sguardo al lago e dice:

– E' ora che me ne vada. I miei mi aspettano.

Prima di uscire, mi chiede di Serena:

– E' vero che uscivi con lei?

– Sì, da pochissimo tempo, però.

– Ah, capisco.

E' sorpresa.

Forse la mia frequentazione di Serena non si inserisce nella sua teoria di belli che frequentano belli, carini, bruttini, brutti e così via? Non mi sono mai chiesto se sono bello o brutto. Credo di essere carino. Invece Serena è bella, molto bella. Sì, deve essere così; per Loredana è difficile da capire: un carino con una bella, anzi una bellissima!

LEI 10 agosto, pomeriggio

Sei giorni, i più strani della mia vita, ii ho trascorsi qui nella Villa Cipressi.

Suona a lungo il pianoforte. Le sue belle mani corrono sulla tastiera, concentrato e appassionato. Io sto seduta accanto a lui, e ascolto la sua musica piena di passione.

Quando smette di suonare, stiamo insieme nel soggiorno a leggere.

Ho preso uno dei libri della grande libreria nel salone: è un libro di un autore italiano famoso: Pirandello. E' un' opera teatrale che leggo con interesse.

 Letteratura italiana

Julia legge un'opera di Luigi Pirandello. Questi è uno dei più importanti e famosi scrittori italiani del '900. Ha scritto soprattutto opere teatrali, e due famosi romanzi: Il fu Mattia Pascal (1904) e Uno, nessuno e centomila (1926).
Pirandello è stato insignito del Premio Nobel nel 1934. Nei suo romanzi rappresenta le ansie e le angosce dell'uomo contemporaneo.

Di sera René si stende con me; ci accarezziamo lungamente.

– Perché non resti a dormire con me? – gli chiedo.

– E' troppo presto – mi ha detto. – Verrà il tempo anche per quello.

Una delle sue frasi misteriose…

Due poliziotti sono venuti ieri alla villa. Hanno portato via René. E' stato via quasi tutto il giorno. E' tornato soltanto nel tardo pomeriggio. Più pallido che mai, arrabbiatissimo. Non l'ho mai visto così.

– Qualcuno dice di essere sicuro che Clara mi frequentava e che era innamorata di me. Dice anche che l'ha vista con me in moto.

– Ma è falso! Clara mi ha sempre detto che non ti conosceva.

– Certo che è falso. Continuo a ripeterlo, ma non mi credono.

– Ti hanno trattato male?

– Sicuramente non bene. Gridavano, minacciavano[threatened], uno mi ha sbattuto[banged] contro il muro. Dicono che sanno che sono stato io. Insieme a te. Presto verranno ad arrestarmi.

– Mi dispiace – dico io.

Lui non dice niente, ma mi prende per la vita con un movimento leggero come quello di un ballerino. Mi solleva[he lifts me]. Mio Dio, ma quanto è forte? Io sono magra, ma abbastanza alta e muscolosa, non peso poco. Ricordo che Georg, che era molto forte, mi sollevava con grande fatica.

Mi rimette a terra e mi bacia sui capelli.

– Devo andarmene, mia bella Serena. Devo sparire – dice.

– Adesso?

– Presto.

Vorrei chiedergli se può portarmi con sé. Ma non lo faccio. Non voglio chiedergli niente.

– Tu cosa farai? – mi domanda.

– Non ti preoccupare, me la caverò[I'll make it]. Me la sono sempre cavata. – E' una specie di rimprovero ma lui non capisce. O sembra non capirlo.

– Bene – mi dice. Poi aggiunge:

– Questa sera non verrò da te. Mi abbraccia e sparisce nei meandri della grande casa.

LEI 10 agosto, notte

Mi ero dunque illusa che René tenesse a me? Che mi portasse con sé? Che fosse innamorato?

Non lo conosco, è vero, non so assolutamente niente di lui. Ma forse non si deve sapere qualcosa di una persona per dire di conoscerla e di amarla. Non so neppure se posso dire di amarlo. So che non ho mai provato il sentimento che provo per lui per nessuno: non per Georg, non per Daniele.

Mi volto e rivolto[I turn and toss] nel letto e non dormo. Mi alzo e apro la finestra.

Improvvisamente la mia stanza mi sembra piccola e stretta. Decido di uscire, fare una passeggiata nel giardino. Non mi vesto neanche, scendo così, nella lunga maglietta che mi arriva quasi a metà gamba e a piedi nudi. Fa così caldo. D'altra parte sono in Italia ed è agosto…

Scendo la scala nel buio della casa.

Passo nell'atrio e sono quasi arrivata alla porta, quando sento un rumore. Credo che venga dalla cucina. Istintivamente, attraverso il salone e apro la porta della cucina. Rimango sulla porta, immobile. Davanti al tavolo scorgo[made out] René. E' in piedi. E' troppo buio per vedere cosa sta facendo. Lui mi vede entrare, gli occhi gli brillano di bagliori[flashes] giallo – verdi come quelli di un gatto.

– Julia, vai via! – mi dice. Suona come un ordine. Duro.

Non l'ho mai sentito parlare così.

Però non mi muovo. Voglio vedere. Voglio sapere.

– Julia, ti prego, torna nella tua camera.

– No. Dimmi cosa stai facendo!

– Julia, vattene![leave!] – la sua voce suona come un grido, anche se non sta gridando.

Faccio un passo verso di lui che indietreggia[steps back].

– René…

Adesso siamo uno di fronte all'altro. E solo allora vedo.

La bocca è sporca di sangue, che gli cola sul mento[runs down his chin] e sul petto^{hest} nudo. Lo vedo come in un flash e mi prende il terrore.

Incapace di parlare o di muovermi, fisso quegli occhi pieni di luce. E' lui a reagire. Si allontana verso il fondo della cucina.

– Non devi restare qui. Non adesso, non con me.

– Perché?

– Non chiedermi perché. Lo sai.

– No, non lo so.

– Sì, in fondo lo sai.

– Non capisco.

–Capisci, ma non ci vuoi credere. Adesso ti prego: vai nella tua camera, prepara la tua borsa. Quando sei pronta scendi nell'atrio. Sarò qui ad aspettarti.

– Ce ne andiamo? Insieme?

– No, non insieme. Io non posso.

– Non mi lasciare, René.

– Julia, ti prego. Fai come ti dico!

Cosa posso fare? Salgo le scale lentamente e preparo la borsa.

LUI 11 agosto, mattina

Quando hanno bussato alla porta un'ora fa, ero sveglio, disteso a letto. Da quando Serena è scomparsa, è scomparso anche il sonno. Dormo una, due ore, poi mi sveglio e penso. Penso, penso, penso, anche se so che è inutile pensare. Tutti i pensieri di questo mondo non mi possono ridare Serena.

Sono le sei di mattina. Apro la porta perché sono sicuro che sia la polizia. Invece mi trovo davanti lei.

Immobile sulla soglia, non ho detto una parola.

Ha parlato lei:

– Devi essere molto arrabbiato con me, Daniele, lo so. Mi dispiace. Se vuoi me ne vado.

– No, entra – ho detto io.

E' in piedi nel corridoio ha un vestitino corto, che non le arriva neanche alle ginocchia. Mi prende un desiderio improvviso di stringerla e baciarla. Ma non lo faccio. Mi sento imbarazzato. E' come avere davanti un'estranea, non la mia Serena.

In cucina le preparo un tè.

– Sono sparita^{disappeared} senza dirti niente – fa lei. – Mi dispiace.

– Ero molto preoccupato. Ti credevo…

– Morta?

– Sì, avevo paura di non rivederti più.

– Non voglio metterti nei guai. Voglio dire… la polizia… se sa che mi proteggi^{protects me}…

– Non m'importa della polizia.

– Tu hai la tua vita, i tuoi studi, il tuo futuro…

– So tutto di me, Serena. Non c'è molto da sapere di me. Invece tu… dimmi, perché te ne sei andata? Non ti chiedo se hai qualcosa a che fare con l'omicidio di Clara. So che non sei stata tu né sola né con altri. Ma te ne sei andata. E ci deve essere una ragione. Quale?

Lei non risponde. Seduta, la mano sulla gamba nuda, gli occhi fissi sulla mano.

– Avanti Serena, parla! Basta segreti!

Lei sta zitto. Io mi siedo vicino a lei.

– Serena, parla! Dimmi qual è il tuo segreto. Non può essere così terribile.

– Sì, lo è Daniele. E' un segreto terribile.

Fa una pausa di qualche secondo, poi dice:

– Ho ammazzato un uomo.

Ha cominciato a parlare. Seduta nella cucina del mio appartamento mentre la luce del primo mattino entrava dalla finestra. Ha parlato senza pause e a lungo.

– Quando ero in Germania ero molto diversa dalla ragazza che hai conosciuto tu. Uscivo quasi ogni sera con un gruppo di ragazzi, di "sballati", come dici tu… E il più sballato di tutti era il mio ragazzo, Georg. Lui era un tipo figo, di quelli che piacciono a tutti. Bello, forte, vivace. Le ragazze erano tutte innamorate di lui. Uscivo con lui e i suoi amici; in giro per locali e discoteche fino a tarda notte, a bere, a divertirci. Cercavo di dimenticare una vita che non mi piaceva, anzi, che odiavo. Non era sempre stato così: fino a un paio d'anni prima ero brava a scuola, un'allieva modello, una ragazza modello. E i miei amici erano ragazze e ragazzi diligenti come me. Poi è successo qualcosa: i miei si sono separati, mio padre se n'è andato di casa, mia mamma è rimasta sola. Di lui non ho più avuto notizie, è scomparso dalla mia vita. E sono scomparsa anche per lei: per superare la disperazione e l'umiliazione, ha cominciato a uscire con altri uomini e a bere. Così è nata una nuova Julia. Questa nuova Julia non sopportava[didn't tolerate] più la scuola, rispondeva male ai professori, non s'interessava di niente, non si divertiva più con niente. Stare con Georg e i suoi amici non era divertente, ma mi faceva stare meglio. Anche se con Georg non andava sempre bene. Era spesso aggressivo, anche violento.

Una sera, mi sono arrabbiata con lui perché mi ha dato una sberla[he slapped me] davanti a tutti. Io, per dispetto[out of spite], sono tornata a casa con un altro, un ragazzo del gruppo. Sembrava una semplice lite[quarrel] di coppia, invece… Il giorno dopo, Georg è venuto a casa mia. Era furibondo[furious].

"Se so che esci con un altro, ti ammazzo, sgualdrina^slut" mi ha detto.

Gridava da fuori della porta perché io non lo avevo fatto entrare in casa.

Ha gridato e gridato, infine se n'è andato.

Quella sera mia mamma non è tornata a casa. Come spesso succedeva. Io sono rimasta chiusa in camera. Avevo una paura terribile!

E' stata la notte più brutta della mia vita.

Mia mamma è tornata verso le otto di mattina. Era pallida. Sembrava malata. "Non sto bene" mi ha detto. "Vedo… Cosa ti senti?" "Mal di testa, nausea, tutto…" "Vuoi che chiami il dottore?" "No, niente dottore, so di cosa ho bisogno. Un paio di^pastiglie pills di Costadin e tutto sparisce. Per favore va' a comprarle in farmacia. Ce n'è una vicino al giornalaio a Conrdadstraße." "In farmacia? Adesso? Significa che devo uscire." "E allora? Qual è il problema?" "Mamma, Georg mi ha picchiato, mi ha minacciato, ho paura…" "Oh che sciocchezze! Julia, tesoro, non fare la bambina. Vai, per favore." E' tornata a letto.

Io non sono uscita subito. Come ti ho detto, avevo davvero paura. Ma poi ho pensato: "Prima o poi devo uscire. Devo affrontare la situazione!" Sono andata nella camera che era stata di mio padre e ho preso dal cassetto la sua pistola. Mio padre aveva sempre delle armi a casa.

Quando se n'è andato non l'ha portata con sé. Forse se n'è dimenticato, forse ha voluto lasciarla a mia madre. Lui è sempre stato uno con la mania della sicurezza.

Era una mattina di maggio, faceva caldo. La farmacia non era lontana da casa mia, cinque minuti a piedi. Ma alla farmacia non sono mai arrivata. Ho attraversato la strada quando ho visto lui, Georg. Era insieme a due amici. Io sono rimasta ferma, ero terrorizzata, tremavo tutta. All'improvviso ho ricordato un episodio: una notte, mesi prima, aveva picchiato un ragazzo. Gli aveva chiesto una sigaretta, questo gli aveva risposto che non ne aveva, lui si era arrabbiato e lo aveva picchiato. Sembrava furibondo. Per una sigaretta! E allora mi sono chiesta: che cosa farà a me adesso? Si è avvicinato e mi ha preso per un braccio. "Io e te dobbiamo parlare" mi ha detto.

Mi ha spinto in una stradetta. Qui mi ha dato una sberla.

79

Sono caduta a terra. Si è avvicinato. Ho pensato: "Vuole picchiarmi ancora." A quel punto ho tirato fuori la pistola che tenevo nella tasca della giacca. Lui si è messo a ridere, sì, a ridere. "Cosa pensi di fare con quella, scema? Credi forse di spaventarmi?" Si è chinato su di me. "Avanti, dammela!" mi ha detto. "Tu non hai il coraggio di…" Non ha finito la frase perché io ho sparato. Avevo così tanta paura che ho sparato a occhi chiusi. Però ero molto vicino a lui, a meno di un metro. L'ho colpito. E' caduto a terra. I suoi due amici, che stavano dietro a lui, hanno gridato. Forse anche Georg ha gridato, ma non ne sono sicura perché sono corsa subito via. Sono tornata a casa. Mia mamma era a letto, stava dormendo. Non l'ho svegliata. Volevo solo andarmene. Devo cominciare una nuova vita, mi sono detta. Ho preso il treno e sono venuta qui, a Bellagio.

Un racconto lungo. Io non ho detto una parola.

E adesso tace. E con lei tace il mondo intorno. C'è un grande silenzio a quest'ora. Tutti dormono ancora.

Io invece mi sento sollevato[relieved]. Sì, è incredibile ma il racconto di Serena mi ha dato un incredibile sollievo. Anche se può sembrare assurdo perché, a quanto dice, ha ucciso un uomo.

LEI 11 agosto, mattina

– E' stata legittima difesa^{self defence} è la prima frase che mi dice Daniele.

– Cosa significa?

– Significa che ti sei semplicemente difesa. Nessuno ti condannerà per questo. E poi non sei neppure sicura di averlo ucciso.

– Ho sparato da neanche mezzo metro. Sicuramente l'ho preso. Per di più l'ho visto cadere.

– Forse lo hai semplicemente ferito^{wounded}. Hai mai cercato notizie a riguardo^{about it}?

Lei scuote la testa

– Ho guardato su Internet, ma solo mesi dopo.

– Perché?

– Avevo paura di sapere che ero un'assassina.

– Capisco. Possiamo guardare adesso, cosa dici?

– Sì, però devi sapere che il mio vero nome è Julia, Julia Sralink.

– Julia… – ripete lui, poi mi chiede di sedermi accanto a lui davanti al computer. Ma io sono stanchissima.

– Posso sdraiarmi sul letto? Gli chiedo – mentre tu cerchi?

– Sì, certo – fa lui. Perciò, mentre lui viaggia su Internet alla ricerca di notizie, io dormo sul letto nella sua camera.

Quando riapro gli occhi, Daniele è ancora seduto davanti al computer.

Ha una faccia seria. Sembra quasi arrabbiato.

– Cosa c'è? – chiedo io.

– Mi hai detto che è successo nel maggio di quest'anno. Ho letto tutti i giornali di quei giorni. Non c'è nessuna notizia del genere.

– Ma tu non sai bene il tedesco!

– No, però so cercare notizie e informazioni. Ho inserito il tuo nome, il nome del tuo ex ragazzo, la città, il giorno, la parola Mord, assassinio.

Insomma le ho provate tutte. Non c'è nessuna notizia. Non riguardo a quell'episodio almeno.

– Significa che ci sono altre notizie che… mi riguardano?

– Sì, essenzialmente una: questa.

Mi mostra sullo schermo la mia fotografia e sotto la fotografia è scritto il mio nome: Julia accompagnato dalla parola *verschwunden*, scomparsa. missing

– Allora non ho ucciso nessuno – faccio io.

– No. Se mi hai detto la verità, significa che non hai ucciso Georg.

– Certo che ho detto la verità. Secondo te mi sono inventata una storia come questa?

Non mi risponde. Capisco che ancora non mi crede. Io prendo la mia borsa e ne tiro fuori la pistola. Gliela faccio vedere.

– Ecco, vedi? Gli dico. Questa è la pistola.

Lui la guarda, ma non la tocca.

– Perché l'hai tenuta? – domanda.

– Non lo so. Forse mi faceva sentire più sicura.

– Mettila via! Mi fa paura. Io la rimetto nella borsa.

– Adesso mi credi? – domando

– Sì, ti credo. Se non ci sono notizie ci deve essere una spiegazione..

– Forse l'ho soltanto ferito.

– E lui non ti ha denunciata reported to the police.

Mio Dio, che sollievo! Dunque non ho ucciso nessuno, Georg è vivo e io non sono un'assassina.

– Questo cambia tutto – dico.

– Cioè?

– Adesso non devo più nascondermi dalla polizia. E' vero, me sono andata da casa, ma ho diciotto anni e posso fare quello che voglio. Non possono arrestarmi per questo.

82

– No, è vero. La cosa migliore che possiamo fare adesso è andare alla polizia.

– Sì, hai ragione. Vado.

– Ti accompagno. E preparati a un lungo interrogatorio!

– Lo so. L'ho sentito ai notiziari. Credono che sia colpevole. Mi credono una complice di René. Ma neppure René c'entra in questa storia. Lui non ha mai avuto a che fare con Clara.

– Come lo sai?

Io non rispondo.

– Sei stata con lui in questi giorni, vero?

– Sì, è vero.

Non aggiungo altro.

– Non vuoi parlarne? – chiede ancora.

– Preferirei di no.

Forse dovrei parlarne, ma non è questo il momento. E Daniele non è la persona giusta. Sono sicura che è innamorato di me. Non voglio parlargli di René.

Lui non insiste.

– Dobbiamo andare – dice di nuovo. – Però dobbiamo prima far sparire la pistola. La polizia non deve trovarla.

Prende la pistola, ne pulisce il calcio[butt]. E' serio e concentrato. Io mi avvicino a lui e gli do una carezza sulla guancia.

– Grazie, Daniele. Sei l'uomo più dolce e gentile del mondo.

Lui fa un'espressione dura che non mi aspettavo.

– Non ti sei fidata di me.

– Sì, certo che mi sono fidata. Io mi fido di te. Non te l'ho dimostrata?

Gli prendo la mano e la stringo nella mia.

– Adesso. Ma prima? Te ne stavi andando senza dirmi una parola. Non-

83

mi hai scritto neppure un biglietto.

– Non volevo coinvolgerti in una brutta storia. Non volevo metterti nei guai.

Lui sorride con dolcezza. Ecco, adesso è tornato il solito Daniele. Sta per abbracciarmi, ma non lo fa. E io preferisco così: l'immagine di René è sempre così presente che lo sento qui accanto a me.

– Prendi la borsa con le tue cose – mi dice. – Dobbiamo portare tutto alla polizia.

Lui mette la pistola nella borsa.

– Questa la buttiamo nel lago – dice Daniele. – In un punto che conosco dove l'acqua è molto profonda. Ci passiamo prima di andare al commissariato.

Usciamo. La casa di Daniele si trova vicino a Punta Spartivento. Qui ci sono poche case e per strada non si vede nessuno. Abbiamo fatto solo pochi passi steps quando un'automobile si ferma accanto a noi.

Una voce:

– Ehi, ma guarda chi si vede…E' Michele

LUI 11 agosto mattina

– Avanti, salite! – dice Michele.

– No, Michele, lascia stare. Stiamo andando alla polizia. E' a dieci minuti a piedi da qui.

– Bene, vi accompagno in macchina.

– No, andiamo a piedi.

Ma Michele continua a seguirci.

– Daniele – dice – tuo zio mi ha chiesto di portarti da lui.

– Accompagno Serena al commissariato, poi vengo.

– Ah, ecco, si è decisa finalmente. Però tuo zio ti vuole vedere adesso.

Noi camminiamo e Michele ci ha affiancati^{has drawn up alongside} sempre in macchina. Continua a parlare.

Io mi fermo e dico a Michele di andarsene.

– D'accordo – risponde lui tranquillo. Non scende dalla macchina. Da lì però ci punta addosso^{points at us} una pistola.

– E adesso che cosa mi dici, stronzetto? – mi dice.

Tiene la pistola con la mano sinistra, la destra invece è sul volante wheel.

– Avanti, salite!

La sua voce si è fatta minacciosa. Sono sorpreso e spaventato, cerco di restare tranquillo.

– Vengo io, Michele – dico. – Lei lasciala andare. Deve andare alla polizia.

– Ci va dopo – risponde lui. – Avanti! – agita^{he shakes} la pistola verso Julia.

– Evvia, Michele – faccio io.– Non vuoi certo spararmi, e poi qui… in strada?

Lui dà un'occhiata intorno:

– Non vedo nessuno – dice. – Domenica a quest'ora la gente dorme. Nessuno vede, nessuno sente.

85

A questo punto alza la voce: *raised*

– Adesso però basta! Mi avete rotto. Salite! *on my nerves*

Linguaggio volgare

Michele usa del linguaggio volgare.
Le espressioni che utilizza (anche se volgari) ricorrono comunque spesso nella lingua comune.
• Stronzetto (epiteto che rivolgerà a Daniele) è un insulto.
• Mi avete rotto sottintende la parole balle/palle e significa "stancare, infastidire" qualcuno.

Saliamo, prima io, poi Julia. Michele parte.

Siamo in auto.

– Julia non ti preoccupare – le sussurro nell'orecchio. – Andrà tutto bene. Però dal suo sguardo capisco che ha paura. Le metto un braccio intorno alle spalle e la stringo a me.

Non stiamo andando al bar; Michele ha preso la strada che porta fuori dalla città, verso le colline.

– Non andiamo al bar? – chiedo io.

– No, tuo zio Luigi non ti aspetta al bar. Il bar è chiuso. Non ricordi?

– E allora, dove stiamo andando?

– Non essere così curioso, Daniele. Tre minuti e ci siamo.

Prende la strada provinciale, poi gira a destra su per le colline su un percorso sterrato^{dirt road}.

Adesso capisco dove stiamo andando: alla casetta di campagna di mio zio. Forse casetta non è la parola giusta, è più esatto definirla baracca. L'ha costruita anni fa mio zio vicino al fiume su un pezzo di terra land comprato da un amico. Per anni veniva qui ogni lunedì, quando il bar chiudeva; passava tutta la giornata a pescare^{to fish}, una sua grande passione. Diverse volte ha portato anche me, quando ero poco di un bambino. Stavamo per ore seduti in riva al fiume con le nostre canne da pesca^{fishing rods}. Ricordo lunghe ore di silenzio, l'acqua tranquilla e azzurrina, il sorriso dello zio. E mi sento sollevato. Lo zio, il mio zio preferito, non ci farà del male, ne sono sicuro.
86

– Ecco, siamo arrivati! – dice Michele, che parcheggia l'auto vicino alla baracca.

Scendiamo. Io, Julia, che tiene la borsa a tracolla^(over her shoulders), lui con la pistola in mano. Andiamo verso il fiume. Entriamo nella baracca e qui, in effetti, ci aspetta lo zio.

E' seduto su una sedia di plastica. Si alza quando entriamo.

– C'è anche lei! – esclama stupito.

– Sì, hai visto che bella sorpresa? – dice Michele. – Li ho beccati appena fuori di casa.

– Sì – faccio io. – Stavamo andando dalla polizia. E adesso, zio, mi dici che cosa diavolo significa questa storia? Questo ci ha puntato addosso una pistola e…

– Non volevano venire! – protesta Michele.

Lo zio mi si avvicina e mi mette una mano sulla spalla.

– Non ti devi arrabbiare, Daniele. Adesso ti spiego tutto.

Fa una breve pausa.

– C'è anche lei, hai visto? – ripete Michele. – Questo è un colpo di fortuna, Gigi… ma non lo capisci?

– Sì, un colpo di fortuna – ripete lo zio. Poi aggiunge:

– Scusate, dobbiamo parlare un attimo.

Non escono dalla baracca. Stanno in piedi in un angolo. Michele, anche mentre parla con lo zio, ci fissa. Ha paura che scappiamo.

– Cosa succede adesso? – mi dice Julia.

– Non lo so, ma non devi avere paura. E' mio zio.

– Sì, è tuo zio, ma tu stesso mi hai detto che è cambiato dalla morte della moglie. Non hai visto? Michele ha una pistola. E tutto questo deve avere a che fare con la morte di Clara. Sono sicura che sono stati loro.

– Loro? Assassini? No, non ci credo.

Michele e lo zio hanno finito di parlare. Si avvicinano a noi.

– Adesso dobbiamo parlare – dice lo zio. E' tutto sudato[he's sweating] in faccia. Mio zio suda quando è nervoso. – La polizia ci sta addosso[are on our backs] – continua. – Quel Renè se n'è andato, è sparito. E adesso gli siamo rimasti solo noi. E comunque alla fine non lo credevano colpevole.

– Sì, quella stronza, l'amica di Clara, continuava a dire che Clara non lo conosceva, non lo freque…

– Per favore, Michele – lo interrompe lo zio. – Lascia parlare me!

Michele fa una faccia seccata, ma sta zitto. Ha sempre la pistola in mano.

– Dicevo che la polizia sta cercando prove[proof] della nostra colpevolezza e potrebbe… trovarne.

– Quindi siete stati voi… – dico io. Sono sorpreso? Non lo so. Forse l'ho sempre saputo e non ho voluto crederci.

– E' stato un incidente, soltanto un incidente – dice Michele.

– Chiamate otto coltellate un incidente? – E' Julia a parlare.

– Sta' zitta tu! – Michele le agita davanti la pistola. – Tu sei soltanto una stupida sgualdrina.

Non ho mai visto Michele così aggressivo. Ma forse non ho mai capito niente di lui, come non ho capito niente di mio zio.

– Che ti prende? – gli chiedo.

Lui mi punta addosso la pistola.

– E sta' zitto anche tu. Bravo ragazzo! – Fa un sorriso da scimmia.

– Smettila e lasciami parlare – dice lo zio. – Anzi, per favore, Daniele esci con me. E' meglio che parliamo qui fuori noi due.

– E lasciare sola Julia con questo scimmione? – faccio io. – No. Parliamo qui!

Lo zio mi si avvicina, di nuovo mi mette la mano sulla spalla.

– Ascolta, ragazzo mio, tu sai quanto io ti voglio bene. Per me sei una specie di figlio. E penso che anche tu mi voglia bene.

– Sì – dico. – Lo sai.

– Ecco, questo è il momento per dimostrarmelo.

– Cosa dovrei fare?

– Adesso andiamo tutti al commissariato, io, te Michele e la ragazza. E diciamo che è stata Serena a uccidere Clara.

– Come? – grido io. – Ma sei impazzito?

– Non capisci che questo è l'unico modo per tirarci fuori da questa storia? Per l'omicidio di Clara ci possono condannare a venti… trent'anni di carcere[jail].

Lo zio mi guarda. Vuole una risposta, che io ho già dato.

– No, non posso fare una cosa del genere – dico io. E guardo Julia che sta zitta in un angolo. I suoi occhi sembrano ancora più grandi.

– Avanti, Gigi – esclama Michele. – Stiamo perdendo tempo. Adesso dobbiamo fare quello che ho detto io.

Michele solleva la pistola.

– Aspetta! – grida lo zio.

– Cosa volete fare? Ammazzarci? – esclamo io incredulo.

– No, il piano è più complesso – spiega Michele. – Serena spara a te, cioè tu muori, lei vive ma va in prigione a vita. Accusata della morte di Clara e della tua, naturalmente.

– State scherzando, vero? Zio, tu… tu… vorresti uccidermi?

Lo zio non risponde.

– Non lui, io – mi risponde Michele.

Io mi rivolgo di nuovo a mio zio. Capisco che parlare con Michele è inutile. So che è deciso a fare quello che ha detto. Ma mio zio…?:

– Non capisco, prima mi dici che mi vuoi bene, che per te sono un figlio e adesso mi vuoi far ammazzare da questo… idiota.

Michele fa un balzo [leaped] verso di me e mi dà un colpo sul viso con la canna della pistola.

Sento un dolore, così forte che mi sembra di svenire [faint].

89

Ma non posso svenire adesso. Se svengo, sono sicuro che Michele ne approfitta^{will take advantage of it}.

Sento il sangue che mi scende dal labbro, ma lentamente riesco ad alzarmi in piedi. Mi rivolgo di nuovo a mio zio. Non si è mosso, non ha detto una parola. Mi guarda esasperato.

– Zio, per favore! – gli dico. – Pensa a quello che stai per fare. Lascia perdere questo… delinquente^{criminal}.

Di nuovo Michele reagisce.

– Tu hai bisogno di una bella lezione! – grida. Di nuovo mi colpisce con la pistola. Un colpo allo stomaco questa volta.

Cado in avanti, mi appoggio con le braccia a terra, mi manca il respiro^{I'm out of breath}.

– Smettila, Michele! – dice lo zio, con una voce debole che si sente appena.

– Mi sta sulle palle questo qui! – esplode Michele che continua ad agitare la pistola. – Mi è sempre stato sulle palle, lui con le sue arie da bravo bambino, il primo della classe… E adesso… adesso gli sparo.

Solleva la pistola. Me la punta addosso. Sto per morire.

Tengo gli occhi aperti, sono come ipnotizzato dalla canna della pistola puntata davanti a me. Non vedo nient'altro.

Non può essere, non può finire così, mi dico.

– Aspetta! – grido.

E in quel momento parte il colpo. Un colpo secco, forte, una specie di esplosione.

LEI 11 agosto

Daniele non è morto. E' in piedi e, incredulo, guarda Michele che cade a terra. La pistola che teneva in mano vola a terra.

– Prendila, Daniele! – grido. Il cuore mi batte in testa, le mani mi tremano. Sono spaventata, ma anche eccitata.

Daniele ha preso la pistola da terra. Adesso lui sta in piedi e Michele è a terra. Si tiene il braccio.

– Che male – mormora – che male…

Luigi, che forse ha capito solo adesso che cosa è successo, mi guarda ed esclama stupito:

– Hai una pistola!

Sì, ho una pistola. E usarla non è stato difficile. Nessuno guardava nella mia direzione. Michele aveva la pistola puntata su Daniele. Anche Luigi fissava Daniele, il suo "nipote preferito", che stava per essere ucciso. Aveva gli occhi pieni di lacrime[tears] . Però non faceva niente per fermare quel pazzo. Io ho approfittato della situazione: nessuno poteva immaginare che avessi una pistola. Invece l'avevo e ho sparato. L'ho colpito dove volevo: alla spalla.

Adesso è a terra, K.O. Daniele chiama con il cellulare l'autoambulanza e la polizia. Dà loro precise indicazioni su dove ci troviamo.

– Dieci minuti e arrivano – dice. La voce non gli trema; sembra stranamente tranquillo.

Ha preso la pistola dalla mia mano e la punta su Luigi. Michele è a terra ferito e non rappresenta più un pericolo.

– Come stai? – chiedo a Daniele. – Il labbro ti sanguina ancora[is still bleeding].

– Non è niente, non ti preoccupare. Mi sorride, come per rassicurarmi. Anche in quest'occasione si dimostra gentiluomo.

Luigi si avvicina a Daniele.

– Mi dispiace molto – gli dice.

Daniele non parla. Tiene la pistola puntata su di lui e non dice una parola.

91

– Non sono stato io – continua Luigi. – Io non c'entro niente.

– Non ti credo.

– E' lui che l'ha uccisa.

– Daniele, lasciami andare! Sono tuo zio – fa lui.

– Non m'importa niente – replica lui duro.

– Non capisci che io non c'entro! – la voce di Luigi suona esasperata.

– Io capisco solo che tu stavi per permettere a Michele di ammazzarmi. Daniele non sembra arrabbiato, ma piuttosto deluso e amareggiato.

– Non avevo scelta – fa Luigi.

– Non avevi scelta? Certo che l'avevi la scelta. Per esempio avevi la scelta di non permettere al tuo amico di spararmi! – reagisce Daniele.

– Daniele, ascolta! Ti chiedo solo di aiutarmi a uscire da questo pasticcio. Ti dico che non sono stato io. Il colpevole è Michele!

– Bene, se sei innocente, non devi aver paura…

– Per favore.

Finalmente Daniele perde la sua calma olimpica e dice secco:

– Sei assurdo e quello che mi chiedi è assurdo. Adesso siediti. La polizia sarà qua a minuti!

E' arrivata la polizia, è arrivata anche l'autoambulanza per Michele.

Ci hanno portato in questura.

Qui ci hanno fatto tante domande. Prima a me e a lui insieme, poi a me sola. Io ho risposto a tutto.

Ho spiegato tutto quello che è successo (ma non ho detto che ho sparato al mio ex ragazzo). Sono stata in questura tutta la giornata, ma alla fine mi hanno lasciato andare.

– Resti qui a Bellagio, per favore! – mi hanno detto. – Abbiamo bisogno di lei come testimone. So anche che hanno chiamato i miei genitori. Presto saranno qui.

LEI 13 agosto

I giornali di oggi, dopo due giorni dall'arresto di Michele e Luigi, riportano lunghi articoli sull'omicidio e la confessione degli assassini.

Quello che chiamano "l'assassino materiale" è sicuramente Michele; ma anche Luigi ha avuto parte attiva in questo terribile delitto.

La sera del 30 luglio Clara si è avviata con me verso casa. Si è fermata però a un chiosco a prendere un gelato. Non aveva fretta di arrivare a casa: non sapeva cosa fare quella sera e come mi aveva detto, si annoiava. Ha incontrato Michele e Luigi. Questi, dopo aver chiuso il bar, stavano andando a cenare insieme. L'hanno vista mentre camminava verso casa. Loro passavano in macchina. L'hanno invitata ad andare con loro. Non sono andati al ristorante, ma a casa di Luigi. Clara è stata imprudente ad accettare l'invito. Era una ragazza ingenua, troppo ingenua per questo mondo.

Certamente non era a caccia di emozioni quella sera con Michele e Luigi. Non erano proprio i bei ragazzi di cui sognava. Forse voleva solamente una serata piacevole, e si è fidata. Dopo tutto, Luigi è un uomo di quarant'anni, proprietario di un locale. Tutti lo consideravano un brav'uomo, onesto e tranquillo. In quanto a Michele, tutti lo consideravano uno stupidotto, ma nessuno lo giudicava pericoloso. Persone normali che si sono trasformati in mostri. O che lo sono sempre stati senza saperlo.

Hanno passato la serata a casa di Luigi. Hanno cenato e chiacchierato, hanno riso e scherzato, come buoni e vecchi amici. Hanno bevuto tanto, così che alla fine della cena Clara era ubriaca fradicia[very drunk].

Michele ha raccontato che Clara era molto "affettuosa" con lui. Le sue parole:

– Faceva la scema. Mi si è seduta sulle ginocchia, mi provocava… Mi ha fatto capire che ci stava[she would go with me]. E io, io che sono un uomo naturalmente ci ho provato. Le ho messo una mano sul seno[bosom], ma lei, anche se ridendo, me l'ha tolta. Io l'ho toccata ancora e lei mi ha detto di smetterla. Ma io credevo… si sa come fanno le donne. Dicono di no, ma in realtà vuol dire sì. Intanto continuava a ridere. Allora ci ho riprovato. E lei si è alzata. "Smettila" mi ha detto. Si è alzata e si è seduta sulle ginocchia di Luigi. Ha detto: "Tu sì che sei uno serio. Tu non ti comporti male con la tua Clara, vero?" Lui ha detto sì sì, ma tempo due minuti ci ha provato anche lui. Siamo fatti di carne e sangue, no? Allora è saltata in piedi e ha

93

cominciato a strillare^{scream}. Ha detto a Luigi: "Da Michele potevo anche aspettarmelo, ma tu…" Michele, Michele che cosa? Io sono sempre stato gentile con lei. Non doveva trattarmi, non doveva parlarmi a quel modo. Le ho detto: "Smettila di strillare!" E anche Luigi: "Dai, sta' tranquilla, adesso ti portiamo a casa." Lei, per tutta risposta, ha strillato ancora di più. "Accompagnatemi subito a casa. Anzi, aspettate, chiamo un taxi." "D'accordo" le ho detto io. "Ma adesso calmati!" Le ho messo una mano sul braccio e lei ha fatto un salto indietro. "Perché fai così?" le ho detto "Non c'ho mica la lebbra^{leprosy}!" E lei: "Lasciami stare!" Mi ha dato uno spintone^{she pushed me} e io sono stato buono. Clara era una ragazza alta e forte. Ero a terra e lei – non so perché – mi è saltata addosso, mi ha riempito di pugni e di sberle^{she punched and slapped me}. E a questo punto io ho perso la testa. Perdo la testa quando qualcuno mi attacca. Sul tavolo c'era un coltello con cui Luigi aveva tagliato la pizza. L'ho colpita. Non volevo ucciderla. Volevo solo farla smettere. Non mi sembrava di averla colpita tante volte. Ma quando ho smesso era morta e c'era sangue dappertutto.

Così finiva la dichiarazione di Michele. Così finiva anche la vita della povera Clara.

Nessun giornale, invece, parla di René. Tutti, per fortuna, hanno dimenticato il bello e maledetto.

"Tornerà mai alla villa?" mi chiedo. "Lo rivedrò mai?"

Non ho potuto vedere Daniele dopo l'interrogatorio: appena ho finito io, è stato il suo turno.

Sono tornata a casa al mio monolocale. Penso a quello che è accaduto, ai miei genitori che presto arriveranno, penso alla mia vita in Germania, a Daniele. Ma soprattutto penso a René, alla Villa Cipressi, ai giorni trascorsi insieme, e vi penso con passione e struggimento^{yearning}, sentimenti, che provo per la prima volta nella mia vita.

LUI 13 agosto

Dopo l'interrogatorio sono andato dalla mamma a Milano. È stata male. Era in ospedale. Ho telefonato a Julia. Mi ha detto che oggi arrivano i suoi genitori.

– Andiamo dall'aeroporto in questura, poi partiamo subito per la Germania – mi ha detto.

– Cerco di arrivare prima della partenza dell' aereo. Sei alla Malpensa?

Aeroporti

L'aeroporto più importante d'Italia per numero di voli e di passeggeri è Roma Fiumicino. A Milano ci sono tre aeroporti: Linate (in città), Malpensa che si trova a circa 40 km da Milano e Orio, circa 60 km da Milano.

Sì. L'aereo parte alle tre e dieci.

– OK, spero di arrivare per le due – dico io. – Adesso però devo andare. Mia mamma mi chiama.

LEI 14 agosto

I miei genitori sono venuti in questura. Hanno parlato con il commissario. Gli hanno assicurato che tornerò per il processo. Hanno dato documenti, dati e tutto quello che gli hanno chiesto. Poi ce ne siamo andati.

In macchina mio padre ha parlato per primo:

– Quello che ci hai fatto, Julia, è molto grave.

– Ma che cavolo dici? – ha attaccato la mamma. – Mi ha fatto! Tu cosa c'entri? Sono anni che non la vedi, che non te ne occupi^{take care of her}...

– OK, comunque rimane molto grave – ha detto lui.

– Julia, non potrò mai perdonarti forgive you– ha ripreso la mamma. – Tu non hai idea di quello che ho passato… Ero così angosciata… Ti credevo morta, sai? E tu… non un messaggio, una telefonata, un biglietto…

Io sto zitta.

– Ma perché lo hai fatto? Perché te ne sei andata? – domanda lei

– E' stato per Georg, ricordi che…– cerco di rispondere io.

Subito mi interrompe:

– Oh Dio, Julia. Non si lascia tutto per queste sciocchezze amorose! Si poteva risolvere in altro modo, no?

– Mamma, non si trattava d'amore. La cosa con Georg era davvero grave, non ricordi?

– Io ti ho sempre detto che quel ragazzo non era adatto a te^{good for you} . E poi è normale che le storie d'amore finiscano, no?

Capisco che lei non ricorda cosa sia successo quel giorno. Ha rimosso tutto. Mia mamma è sempre stata piuttosto brava a rimuovere, cancellare, dimenticare le cose. O forse ha dimenticato a causa dell'alcol. Spesso, quando si beve molto, non ci si ricorda delle cose. E' successo anche a me.

Continua a parlare di sé. Dice che, quando me ne sono andata, è stata male, malissimo, ha preso medicine…

– Senti… mi ha mai cercata Georg? – la interrompo io.

– Non dirmi che sei ancora innamorata, che ci pensi ancora…

– No, voglio solo sapere.

– Ha telefonato diverse volte. Una volta è anche venuto a casa. Pensa che ha detto che gli hai sparato, ma io naturalmente non ci ho creduto. Sparato, che assurdità!

Dopo queste parole, silenzio.

Mio padre non ha detto una parola. Parla solo una volta quando siamo all'aeroporto.

– E adesso? – mi chiede.

– Adesso cosa? – domando io.

– Cosa vuoi fare della tua vita. Sappiamo che in questo periodo in Italia hai lavorato. Forse è questo il tuo desiderio? Vuoi cominciare a lavorare, renderti indipendente? Oppure vuoi continuare a studiare?

– Sai che sei stata bocciata^{you failed}, vero? – interviene mia mamma.

– Non lo so, ma lo immagino. Me ne sono andata un mese e mezzo prima della fine della scuola. E comunque studiavo poco e i voti erano pessimi.

– E adesso? – chiede di nuovo mio padre.

– Non lo so, vorrei continuare a studiare credo…

Il discorso continua. Abbiamo due ore fino alla partenza dell'aereo, e in queste due ore si decide del mio futuro.

Tutt'e due hanno una grande fretta, sembra. Vogliono tornare alla loro vita probabilmente e io sono una seccatura^{nuisance}.

Mi rendo conto di questo quando mio padre mi fa la sua proposta:

– Cosa ne dici di fare quest'ultimo anno di scuola in un collegio?

– Collegio! – esclamo.

– Aspetta! – dice mio padre. – Lasciami spiegare.

Io lo ascolto con diffidenza. Collegio… La parola collegio mi fa venire in mente frasi di vecchi romanzi come: "Se ti comporti male, ti mando in

97

collegio". Ma non riesco a immaginare un collegio dei nostri tempi.

Mio padre capisce quello che penso e spiega:

– Questo non è un collegio come lo immagini tu. E' moderno e bellissimo, nello stile delle boarding schools inglesi. Una specie di albergo extra lusso, con insegnanti gentili e bravissimi, laboratori di ogni genere, due piscine, insomma ogni genere di comfort.

– Potrai avere una camera tutta tua, mia cara – conclude mio padre.

Mi guardano; pendono dalle mie labbra^{they hang on my words}. Quello che dirò deciderà anche della loro vita futura. Se rifiuto, devo continuare a vivere con mia mamma, se accetto... per me il collegio extra lusso, per loro una vita tranquilla senza le preoccupazioni.

– Va bene, andrò in collegio – dico.

Mi abbracciano. Sono davvero felici.

– E' una saggia^{wise} decisione – dice la mamma.

– Sono sicuro che ti troverai bene – commenta il papà.

– Quando comincerò?

I due si guardano. Imbarazzati?

– Non lo so esattamente – dice papà. Invece lo sa. Lui è un uomo pratico, uno preciso in tutte le cose. E infatti conclude con un:

– Credo già dalla prossima settimana.

– La prossima settimana? – esclamo.– La prossima settimana è tra tre giorni! Il tempo di tornare a casa, fare le valigie e salutare.

Sono arrabbiata con i miei genitori, ma, come sempre, non ho la forza di dire niente. Sento che ho bisogno di gettarmi acqua fresca sul viso. Vado nel bagno appena fuori della sala d'attesa.

C'è tantissima gente dappertutto. D'altra parte oggi è 14 agosto, domani è Ferragosto. Daniele mi aveva detto che questa è una settimana di vacanza per gli italiani!

Ferragosto

Gli italiani concentrano le loro vacanze soprattutto in due periodi dell'anno: a Natale e in estate, in particolare in agosto. In agosto infatti tutte le scuole sono chiuse ed è chiusa anche la maggior parte di uffici e fabbriche. Le città in questo mese si svuotano e molti negozi chiudono per ferie.

Ferragosto, che è il 15 agosto, è una parola che deriva dal latino: feriae augusti (riposo di agosto). Essa è la festa agricola pagana. Un tempo in questo giorno si celebrava la raccolta dei cereali.

Sto per entrare quando mi sento toccare la spalla.

Daniele penso, ma quando mi volto vedo un'altra persona; una persona che non mi aspettavo di vedere: Renè.

Non è vestito di nero come al solito, ma indossa una camicia bianca e un jeans. E' più bello che mai. Ma i capelli neri, la carnagione^skin pallida, gli occhi... quello è René.

Sono stupita, ma felice, Dio, quanto sono felice di vederlo. Dunque non mi ha dimenticato, non mi ha abbandonato…

Mi abbraccia. Io cerco con gli occhi i miei genitori. Non voglio che mi vedano con lui. Ma loro, per fortuna, sono impegnati^busy. Stanno parlando vicino alla finestra.

Facciamo qualche passo verso l'angolo così che non ci possano vedere.

– Come hai fatto a trovarmi? – gli chiedo.

– Sempre domande – dice lui abbracciandomi. – Se si vuole si può tutto. E io lo volevo molto. Per me è una sensazione nuova. Mi mancavi. Sentivo uno strano vuoto dentro di me. Ne ho avevo letto, ne avevo sentito parlare, ma non lo avevo provato.

– E' quello che provo anch'io.

Mi stringe a sé, così forte che quasi mi fa male.

– Portami con te – gli dico.

– Lo vorresti veramente? – chiede lui.

– Sì, più di ogni altra cosa al mondo.

– E i tuoi genitori?

– Ah, loro non vedono l'ora di liberarsi di me^they're looking forward to getting rid of me. Sai che andrò in un collegio?

– Lì ti potrai dedicare allo studio. Potrai costruirti un futuro, una vita nuova. Ricordi? Hai detto diverse volte che volevi una vita nuova.

– La mia vita nuova è con te.

– La vita con me non è quella che desideri.

– Cosa sai di quello che desidero io?

Lui sorride. Per la prima volta è un vero sorriso. Le labbra scoprono i denti bianchi, di un bianco quasi scintillante^shiny, e anche gli occhi sorridono.

– Io so tutto di te.

– Portami via con te – ripeto.

– Non avere fretta, Julia. Abbiamo tanto tempo davanti a noi. E io posso aspettare. So aspettare.

– Perché sei venuto qui allora?

– Perché volevo vederti. Desideravo tanto rivederti. – Mi sfiora la guancia touches my cheek con la sua guancia, mi accarezza il collo. – Dovevi sapere che non ti ho dimenticato.

– Come farò a trovarti?

– Ti troverò io.

Avvicina le labbra alle mie e mi dà un bacio leggero.

– I tuoi stanno venendo a cercarti – mi dice e si allontana rapidamente.

Io torno in sala d'attesa. In effetti mia madre mi sta venendo incontro.

– Juliaaaa… Chi era quel tipo? – mi chiede allarmata.

– Un amico che è venuto a salutarmi.

100

– Come sapeva che eri qui?

– Mi ha telefonato – dico io.

Ci mettiamo in coda^{queue up} per salire sull'aereo. E io penso a Renè. René che ha occupato la mia mente e il mio cuore. E mi sento sicura di una cosa: lo rivedrò.

LUI 14 agosto, ore 15

Quando sono arrivato all'aeroporto, l'aereo era già partito.

Maledetto traffico, maledetta città, maledetto tutto!

Chissà se rivedrò mai più la ragazza che più ho amato nella mia vita?

Ho una gran voglia di piangere, invece bevo due birre e torno a casa, a Bellagio.

Bellagio, comincio a odiare questo posto.

Un anno dopo, maggio

Caro Daniele

È quasi estate, sono passati tanti mesi, forse troppi.

Volevo scriverti molto prima, ma non trovavo le parole. In realtà non trovavo neanche i miei pensieri e sentimenti. Dentro di me c'era il caos. Forse perché erano successe troppe cose in poco tempo. In questi mesi ho cercato di capire e di esplorare me stessa... Un progetto ambizioso, sì, ma ho tentato. Così, la Julia che non vuole mai pensare è diventata una Julia riflessiva e ha cercato risposte alle sue domande.

Prima di tutto ho capito quanto ti voglio bene, ma ho anche capito che non possiamo stare insieme. Io ti stimo come non ho mai stimato nessuno. Sei buono, gentile, affidabile, intelligente, colto^{educated}*. Hai tutte le qualità per essere un uomo perfetto. Sono io a non essere perfetta. Te l'avevo già detto una volta tanto tempo fa, ti avevo detto che non ero la persona giusta per te. Tu però l'avevi interpretata come una scusa. Invece non era una scusa. Lo pensavo veramente. E lo penso tuttora.*

Adesso sono ridiventata una brava ragazza, ma dentro di me rimango inquieta, insoddisfatta di una vita "normale". Desidero sempre in fondo forti emozioni e sono sempre attirata dal lato oscuro delle persone e delle cose.

Per questo io credo che la cosa migliore per noi sia l'amicizia.

E io spero che tu voglia accettarla.

Con tanto affetto

Julia

I comparativi irregolari

Formare il comparativo in italiano è facile:
Più+aggettivo+di

La mia casa è più grande della tua.
Mario è più alto di Gianni.

Ma attenzione! Ci sono alcuni aggettivi che formano il comparativo in modo irregolare. I più comuni:
• *buono – meglio/migliore*
• *cattivo – peggio/peggiore*

Cara Julia

Sono stato così sorpreso dalla tua lettera...

Pensavo di averti perso per sempre. Da quando sei partita nell'agosto dell'anno scorso, ho aspettato ogni giorno tue notizie. Le ho aspettate per settimane, per mesi. A un certo punto ho capito che non sarebbero mai arrivate. Ero in collera[angry], ma non stupito.

Ho sempre saputo che non eri innamorata di me. Come mi hai scritto sulla lettera, mi vuoi bene e mi stimi. Però tutt'e due sappiamo che questo non è sufficiente.

Mi chiedi se voglio accettare la tua amicizia e io ti rispondo di sì. Anche se continuo a pensare a te non come a un'amica. Per me sei e rimani la donna che ho amato più di ogni altra.

Dopo gli eventi dell'estate scorsa la mia vita è tornata come sempre.

Sono dovuto stare un po' vicino a mia madre: Luigi è suo fratello. E' rimasta sconvolta dal fatto che sia stato complice di un omicidio. Però a poco a poco ha accettato (forse col tempo si riesce ad accettare tutto!?) e adesso anche lei ha ripreso la sua vita.

Non c'è nessuna novità: vado all'università, studio, do esami regolarmente. Da qualche mese esco con una ragazza, si chiama Loredana ed era un'amica di Clara. L'ho conosciuta in quei giorni terribili dopo

104

l'omicidio.

In ottobre ci sarà il processo, ci rivedremo in quell'occasione.

Fino ad allora, stai bene e ricordati che puoi sempre contare su di me perché io non ho mai smesso di amarti.

Con amore.

Daniele

LEI 21 luglio

Il sole, il caldo, il lago, la spiaggetta con la piscina. Tutto uguale all'anno scorso a Bellagio.

Soltanto il bar, dove avevo lavorato per tre mesi, è chiuso.

Ho preso una camera in un albergo che si trova in uno dei vicoli del paese.

Ma non ci sto mai. A volte vado a passeggiare di mattina presto fino a Punta Spartivento dove c'è la casa di Daniele.

Una volta è venuto anche Daniele. Era con Loredana. Io non la conoscevo. So solo che era un'amica di Clara.

E' una ragazza vivace, simpatica, allegra… E' molto gentile con me, anche se dai suoi sguardi si capisce che è gelosa.

Con la sua solita sincerità Daniele ha detto:

– Puoi capirla. Lei sa che sei stata un grande amore per me.

Passo il resto delle giornate e delle notti nella Villa Cipressi. Insieme a René.

Perché questa è la ragione principale per cui sono qui: René.

Non ne ho parlato con Daniele né con nessun altro.

Da quel giorno in cui l'ho visto all'aeroporto, non ho più smesso di pensare a lui. Quando aprivo gli occhi di mattina, il mio primo pensiero era per René, di sera l'ultima immagine nella mia mente era quella del suo volto. E ogni notte lo sognavo in sogni dolci e pieni di passione.

Mesi fa, in una notte di ottobre, mi è successa una cosa strana, più che strana, incredibile. Ho sognato René; era accanto a me nella stanza, mi teneva la mano, mi accarezzava e mi parlava. Quel sogno aveva un'intensità particolare. Era uno di quei sogni che sembrava realtà. Quando mi sono svegliata, ho trovato sul comodino bedside table una lettera.

Julia

Sono stato qui questa notte. Ti ho preso la mano e ti ho guardato a lungo. Ma non ho voluto svegliarti. Ho preferito scriverti per lasciarti tempo. Lasciarti il tempo per pensare, per decidere se desideri ancora vedermi.

Riflettici[think about it] *Julia. Riflettici attentamente. E se vorrai, io sparirò per sempre.*

Se deciderai di vedermi ancora, invece, devi sapere che il mio amore per te è, può essere, più forte e più grande di ogni cosa.

Quando domani mi sognerai ancora, io sarò lì. Mi potrai dare la tua risposta.

René

La notte successiva ho avuto lo stesso sogno. Però questa volta mi sono svegliata e ho trovato lui inginocchiato[kneeled down] accanto al mio letto.

Aveva gli occhi fissi su di me, le pagliuzze dorate che brillavano nel buio della stanza. Si è sdraiato accanto a me.

Siamo stati insieme fino all'alba, accarezzandoci e amandoci.

Era quasi l'alba quando mi ha detto che doveva andare.

Prima gli ho mormorato nell'orecchio:

– Non mi hai chiesto niente. Hai capito qual è la mia risposta. E' sì, sì, sì, ti voglio, voglio stare con te. Per sempre.

– Non dire per sempre – mi ha detto lui. – Quello che abbiamo mi basta[is enough] per ora.

Se n'è andato. Non so come, perché non è facile entrare e uscire dal collegio. Ma sinceramente non m'importa.

Non è stata quella l'ultima volta. René è venuto a trovarmi nella mia stanza al collegio ogni settimana, sempre di notte. E ogni notte è stata più dolce, più intensa, più bella.

E adesso sono qui alla Villa Cipressi.

Sono qui con lui e sono felice come non lo sono mai stata.

Infine a Bellagio ho trovato quella felicità che cercavo.

Dove sono stata felice una volta tanti anni fa lo sono ancora e lo sono tanto.

Daniele, agosto

E' partita. E' tornata al collegio. E' rimasta qui due settimane e io l'ho vista una sola volta con Loredana. Non le ho chiesto di incontrarci da soli. Avevo, ho paura dei miei sentimenti. So che l'amo ancora e non è giusto. Non è giusto verso di me e non è giusto verso Loredana. Loredana è una ragazza dolce e brillante, con cui trascorro ore piacevoli.

Con lei ho un rapporto profondo e sincero, quello che ho sempre desiderato avere.

E allora perché Julia?

Un capriccio[a whim], direbbe mia madre. Ma non lo è.

Il mio amore per Julia è autentico e credo che non morirà mai. Che cosa susciti la mia passione, non lo so di preciso, ma quanti sanno perché si innamorano di qualcuno? Non lo so e non lo saprò mai.

La mattina in cui è partita sono stato al suo albergo. Per salutarla.

Non c'era, era in acqua. Abbiamo nuotato insieme. Quando è uscita dall'acqua sembrava una dea[a goddess,] una venere moderna, dal corpo perfetto, le spalle morbide, i seni alti e rotondi, le lunghe gambe modellate.

Siamo stati qualche minuto sulla spiaggia ancora deserta.

Quando ci siamo alzati per tornare all'albergo, ho visto lui. René.

Non nella sua solita divisa, ma con calzoncini e maglietta. Non sembrava egualmente una persona normale, per quel suo pallore mortale e gli occhi da fiera[wild beast], ma più normale.

Ci guardava o meglio la guardava. Dal modo in cui mi è passato accanto, ho avuto l'impressione che non mi avesse neppure visto.

L'ha abbracciata stretta a sé.

– Scusa, Daniele – mi ha detto lei. – Ti devo salutare. Sei stato molto gentile, sei un vero amico, grazie per tutto…

Parole inutili e infine un bacio sulla guancia.

Li ho guardati allontanarsi l'uno accanto all'altro, mentre il sole preannunciava[announced] un'altra giornata di fuoco.

Made in the USA
Middletown, DE
10 November 2014